무서운

事故物件怪談
恐い間取り

방

살면 안 되는 곳이 있다

마츠바라 타니시 취재·지음

김지혜 옮김

무서운 방

事故物件怪談
恐い間取り

레드스톤

머리말

사고 부동산에 살고 있는 개그맨 마츠바라 타니시松原タニシ라고 합니다. 사고 부동산이란 '자살이나 타살 혹은 고독사 등 모종의 이유로 그곳에서 누군가가 세상을 뜬 부동산'을 말합니다. 저는 지금까지 다섯 곳의 사고 부동산에서 살았습니다.

이 책은 제가 살았던 사고 부동산에서 겪은 체험담이나 실제로 사고 부동산에 살았던 분을 취재한 이야기, 그리고 '어떤 의미'에서는 사고 부동산이라 할 수도 있을 심령 스폿이나 괴기 현상이 일어나는 장소에서 겪은 일 등을 도면과 함께 소개합니다.

사고 부동산에서 살게 된 계기는 〈기타노 마코토의 '너희들 가지마北野誠のおまえら行くな'〉라는 TV 프로그램 때문이었습니다. 이 프로그램에 '사고 부동산에서 유령을 촬영하면 출연료를 받을 수 있다'는 내용의 코너가 있었는데, 당시 오사카에서 무명 신인 개그맨으로 활동하던 저는 TV에 나오기 위해 지푸라기라도 잡는다는 심정으로 여기에 출연하기로 결심했습니다.

사고 부동산에 살면서 방에 고정 카메라를 설치해놓고 매일 밤 촬영을 했습니다. 딱히 영적인 감각이 민감한 편도 아니라서 그저 매일매일 카메라로 찍은 영상에 조금이라도 이상한 점은 없는지 확인할 뿐이었습니다.

결과적으로 제가 살았던 첫 번째 사고 부동산에서는 영상에 기묘한 하얀 빛(오컬트 세계에서 오브orb라고 불리는 것)이 촬영되거나 부자연스러운 소리(랩음)가 들리는 등 생각보다 신기한 현상을 많이 촬영할 수 있었습니다.

그 후 약 1년마다 사고 부동산을 전전하며 촬영을 계속했지만 첫 번째 건물보다 신기한 영상은 기록할 수 없었습니다. 생각해보면 첫 번째 부동산이 다른 곳보다 특별했던 것 같습니다.

"사고 부동산에서 살다니 믿을 수 없어! 무서워!"라고 생각하는 분도 많겠지만 실제로 그런 곳에 살면서 깨달은 점이 많습니다.

방 벽이 부자연스러울 정도로 깨끗하다든가, 거주자들과 자주 마주치지 않아서 그들이 나를 피하는 것은 아닐까 생각했다든가, 의외로 집세가 시세보다 많이 싸지 않다든가 등등. 그 중에서도 가장 강하게 느낀 점은 아주 당연한 이야기지만 '아, 나 지금 살아 있구나'라는 안도감이었습니다.

'산다'는 것은 어쨌거나 어떤 장소에서 생활한다는 것을 의미합니다. 이런저런 상황에 처하더라도 꿋꿋하게 살아가는 것입니다. 인간은 생명력이 강한 동물이기 때문에 어떤 환경에서든 살아남기 위해 자기 스스로 그 환경에 적응합니다.

오브가 날아다녀도 랩음이 들려도 거기에서 살아야만 하는 저에게는 이 모든 것이 일상이 되었습니다.

사고 부동산에서 발생하는 불가사의한 현상이 의미하는 바는 아직도 잘 모르겠습니다. 하지만 저는 '죽음'을 더 가깝게 느낄 수 있는 사고 부동산에서 생활하는 동안 오히려 '산다'는 것의 의미에 대해 더 많이 생각하게 되었습니다.

이 책에는 다양한 집의 도면이 실려 있습니다.
많은 분들은 집의 도면을 보면서 살고 싶은 집, 이상적인 마이

홈, 예쁜 인테리어 등 '그곳에서의 생활' 혹은 '그 방에서 생활하는 미래의 나'를 상상할 것입니다.

하지만 사고 부동산의 도면이 상기시키는 것은 상상 너머의 앞날, 즉 누구에게나 반드시 찾아오는 '죽음'이라는 미래입니다.

지금 이 시간에도 일본에는 매일 수십 건의 사고 부동산이 생기고 있습니다. 저출산의 심화로 인구가 줄어들면서 고령자의 고독사는 이제 남의 이야기가 아닌 시대가 되었습니다. 따라서 여러분은 앞으로 주위에서 사고 부동산을 더욱 자주 접하게 될 것이고 언젠가는 당연한 일로 받아들이게 될 것입니다.

이 책을 읽는 동안 여러분이 죽음의 공포를 더 현실적으로 느끼고, 지금 '살아 있다'는 사실을 생생하게 실감하셨으면 합니다.

차례

제2장 누군가의 사고 부동산

제3장 지방의 사고 부동산

제1장

사고 부동산과 나

첫 번째 사고 부동산 ①

다다미 10조(약 5평)짜리 원룸. 집세는 4만 5천 엔.

내가 처음 살았던 사고 부동산의 도면이다.

방은 매우 청결했고 바닥은 광택이 있는 흰 마룻바닥이었다. 벽도 새하얀 색이었다. 방 전체가 거의 흰색이라 일반적으로 상상하는 음침한 사고 부동산과는 전혀 다른 이미지였다. 오히려 세련된 방이라고 느껴질 정도였다. 단 '너무 깨끗하다'는 점에서 느껴지는 위화감은 떨쳐낼 수 없었다.

이 맨션은 건축 후 약 25년이 지났으나 오사카 중심지인 난바難波와 가까워 입지도 상당히 좋았다. 평수도 적당한 이 부동산이 4만 5천 엔이라니 확실히 저렴했다. 본래 시세라면 7만 엔 정도는 받지 않았을까?

게다가 이 집만 집세가 저렴한 것이 아니라, 맨션 전체가 다 저렴했다. 사실 여기는 맨션 전체가 사고 부동산이 된 희귀한 경우다.

*

지금으로부터 수십 년 전 비정상적이라 해야 할 만큼 흉악한 살
인사건이 이 맨션에서 벌어졌다. 이 사건이 세간을 떠들썩하게 하
면서 이 맨션에 살던 거주자는 모두 이사를 갔고 새로운 입주자도
나타나지 않았다.

이 맨션을 관리하던 회사는 입주자를 찾기 위해 집세를 대폭 낮
출 수밖에 없었다. 그래서 당시에는 집세가 2만 엔대까지 떨어졌
다고 한다. 관리 회사는 사건의 이미지를 불식시키기 위해 현관 외
벽을 리모델링하고 맨션의 이름도 바꿨다.

사건 발생 이후 수년이 지난 어느 날 같은 그룹 계열사의 다른
맨션 옥상에서 백골 사체가 발견됐다. 조사를 담당한 경찰은 해당
맨션이 불법 건축 시공을 했다는 사실을 적발했다. 이로 인해 해당
그룹사의 다른 맨션도 동일하게 불법 건축이 이루어졌다는 사실이
발각됐다. 내가 살던 맨션도 불법으로 건축된 8층과 9층이 폐쇄됐
다. 이로 인해 지금은 7층까지만 거주자를 모집하고 있다.

살인사건 현장인데다 불법 건축 혐의까지 덧붙여지다니…. 하지
만 더 신경 쓰이는 점이 있었다. 건물 1층은 벽을 모두 트고 한쪽
벽면에 거울을 설치해 넓은 자전거 주차장으로 개조했는데, 기묘하
게도 거주자 중 그 누구도 여기에 자전거를 세우지 않았다. 바퀴를
고정하는 자전거 스탠드만 공허하게 줄지어 공간을 채우고 있다.

자전거 주차장 입구에 붙어 있는 '경계구역 일람표'라는 의문의
표지판에는 맨션 전체의 도면이 그려져 있다. 날짜를 보니 10년 전
에 만든 것이다. 여기에는 폐쇄된 8층부터 10층까지의 호수와 1층

호수인 101호부터 109호까지의 도면도 그려져 있다. 이 일람표를 보면 10년 전에는 1층에도 방이 있었다는 사실을 알 수 있다. 그런데 왜 1층을 자전거 주차장으로 바꿔버린 것일까?

*

우연히 3층에 사는 H 씨에게 이런 이야기를 들었다. H 씨는 사건을 계기로 많은 거주자들이 이사를 간 와중에도 이 맨션에 머무르며 10년 이상 이곳에서 살고 있다. 그는 이전에는 1층에 거주했지만, 사건 이후 관리 회사가 억지로 3층으로 이주시켰다고 한다. 관리 회사에 이유를 물었지만 결국 아무것도 알지 못한 채 집세 인하를 전제로 반강제적인 이사를 하게 됐다고 한다.

애초에 살인사건은 4층에서 발생했다. 그리고 범인은 범행 후 불을 질렀다. 사건의 흔적을 없애려면 4층을 리모델링해야 할 텐데 어째서 거주자를 다른 집으로 이사까지 보내면서 1층을 헐고 자전거 주차장으로 개조한 것일까? 수수께끼는 깊어지기만 한다.

*

내가 살던 방은 6층 끝에서 두 번째 방이었다. 엘리베이터에서 내리면 오른쪽으로 집이 줄지어 있다. 왼쪽은 벽이 겨우 가슴 높이 정도밖에 되지 않는 개구부開口部(채광, 환기, 통행 등을 목적으로 건

15

물 벽면이나 바닥에 뚫어놓은 구멍 또는 그 부분을 총칭하는 것)이기 때문에 마음만 먹으면 쉽게 뛰어내릴 수 있는 구조다.

어느 날 밤, 후배 개그맨인 하나이華井(예명은 하나이 이등병. 쇼치쿠 예능 소속 개그맨)를 집에 초대했다. 하나이를 맞이하기 위해 1층에 내려갔고, 이 맨션의 분위기를 느낄 수 있도록 엘리베이터를 타지 않고 6층까지 계단으로 올라가며 안내했다.

그런데 6층에 도착하자 하나이가 갑자기 귀를 쫑긋 기울였다.

"뭔가 물이 흐르는 소리가 들리는데요. 어디서 흐르는 거지?"

나는 복도를 앞서서 걸어가다 끝에서 두 번째인 내 집의 열쇠를 열었다. 하나이는 아직까지 엘리베이터 근처에서 귀를 기울이고 있었다.

"하나이, 됐으니까 빨리 이리로 와."

하나이가 이쪽으로 걷기 시작하자 그의 뒤에 바짝 붙어서 걸어오는 니트 모자에 작업복 차림인 젊은 남자가 보였다.

"하나이, 빨리 와!"

아직 물소리가 신경 쓰이는지 하나이는 갸웃거리며 천천히 걸어왔다.

한밤중 자정 12시가 지난 시각이었다. 나는 같은 층의 거주자인 듯 보이는 니트 모자를 쓴 남자에게 민폐를 끼치면 안 된다는 생각에 하나이를 재촉했다.

하지만 무언가 이상했다. 하나이와 남자 사이의 거리가 지나치게 가까웠다. 안 좋은 예감이 들어 서둘러 하나이를 집 안으로 데리고 들어왔다.

"방금 뒤에 남자가 걸어오고 있지 않았어?"

"네? 아무도 없었는데요."

"아니, 방금 네 바로 뒤에 니트 모자를 쓴 남자가 보여서 이 층에 사는 사람인 줄 알았어."

"아무도 없었다니까요. 뒤에 누가 있으면 발소리가 들리잖아요. 맨션에 사는 사람이면 열쇠로 문을 열 때 철컥거리는 소리도 들렸을 테고. 그런데 저는 우리 발소리 말고는 어떤 소리도 듣지 못했어요. 엘리베이터도 1층에 멈춰 있었으니 움직이지 않은 거죠. 이층에 있었던 건 저희뿐이에요. 이상한 소리 하지 마세요."

"그건 그런데…. 그럼 아까 그건 누구지?"

그 순간 창문도 열리지 않았는데 방 안의 커튼이 휘날렸다.

이 맨션에서 사건을 일으킨 범인은 범행 전 며칠간 여기 6층에 사는 지인의 집에 머물렀다고 한다. 그리고 지인의 집을 나온 며칠 후에 범행을 저질렀다. 지금은 사형이 집행되어 그 범인은 이 세상에 없다.

내가 본 니트 모자를 쓴 남자는 누구일까? 아직도 알 수 없다.

*

나는 이 맨션에서 1년 동안 생활하면서 신기한 현상을 촬영하기 위해 항상 집 안을 비디오카메라로 촬영했다. 이사 온 첫 날부터

'오브'라고 불리는 흰색 발광체發光体가 영상에 찍혔다.

오브는 날이 갈수록 늘어났다. 살기 시작한 지 일주일이 되는 날에는 오브가 아닌 흰색 천처럼 보이는 수수께끼의 부유물과 격렬하게 움직이는 무수한 오브가 내 눈앞을 지나가는 영상이 찍혔다.

그리고 이 날 나는 맨션 앞에서 뺑소니 사고를 당했다. 자전거를 탄 순간 좁은 도로를 맹렬한 속도로 달려오는 검은 스포츠카에 치인 것이다.

피해를 입은 사람은 나뿐만이 아니었다.

이사를 도와준 후배 하나이와 니시네西根(예명은 니시네·더·타이거にしね·ザ·タイガ―. 쇼치쿠 예능 소속 개그맨)도 같은 시기에 다른 장소에서 뺑소니 사고를 당했다는 사실을 나중에 들었다. 2013년 12월에 일어난 일이다.

이 맨션에 관련된 이야기는 좀 더 이어진다.

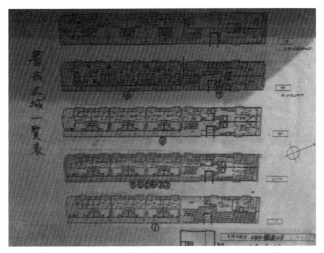

자전거 주차장 입구에 붙어 있는 '경계구역 일람표'

아무도 자전거를 주차하지 않는 주차장.
거주자들은 모두 맨션 앞에 자전거를 주차한다.

비디오카메라에 찍힌 잇탄모멘*

<hr />

첫 번째 사고 부동산 ②

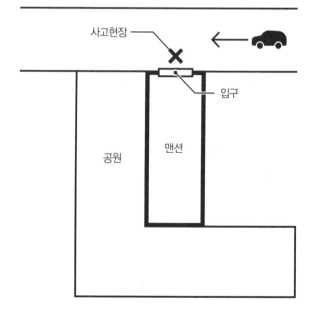

사고현장

입구

공원

맨션

2016년 나는 한 괴담 이벤트에 초청받았다. 그런데 그때 같이 출연한 가토加藤(예명은 티·카토ティ·カトウ. 요시모토·크리에티브 에 이전시의 만담가. 콤비명은 '차도·말렌チャド·マレーン'.) 씨가 우연히도 내가 처음 살았던 사고 부동산에 10년 이상 거주했었다고 했다. 게 다가 층도 6층에 구조도 같은 집이었다.

가토 씨는 당시 사귀었던 A코 씨에게 갑자기 이런 이야기를 들 었다고 한다.

"엄마한테 '너, 귀신 좀 데리고 들어오지 마'라는 소리를 들었어."

그녀는 가토 씨의 집에서 머물다가 자신의 집으로 돌아갈 때마 다 그런 말을 들었다고 했다.

이윽고 A코 씨의 신변에도 이상한 일이 일어나기 시작했다.

어느 날 가토 씨 집에 놀러온 A코 씨가 갑자기 소리를 질렀다.

"베란다에 여자가 매달려 있어!"

가토 씨의 눈에는 보이지 않았지만 두려워하는 그녀의 모습이 심상치 않았다.

그리고 또 다른 날 A코 씨가 소리를 질렀다.

"잠깐만! 그 여자가 방에 들어왔어!"

역시 가토 씨에게는 보이지 않았지만 그날 이후 A코 씨를 집으로 초대하지 않게 됐다.

얼마간 시간이 흐른 후 가토 씨의 휴대전화에 등록되지 않은 번호로 전화가 오기 시작했다.

"○×△※….."

전화를 받으면 영어도 일본어도 중국어도 아닌 들어본 적이 없는 언어의 말소리가 계속해서 들려왔다. 결국 전화의 정체는 밝혀지지 않았다.

가토 씨에게 일어난 기묘한 일은 여기서 그치지 않았다.

가토 씨는 이 맨션에 사는 동안 뺑소니 사고를 당했다. 게다가 나랑 똑같이 맨션 앞에서 사고를 당했다. 단 가토 씨는 나보다 훨씬 상황이 심각했다. 같은 장소에서 세 번이나 뺑소니 사고를 당한 것이다.

*

가토 씨는 개그 콤비로 활동하고 있다. 그 콤비는 당시 M-1 그랑프리*에서 3년 연속 준우승에 진출했다. 하지만 최종 결승까지는 진출하지 못하고 결전 당일에 패자 부활전 무대에 서게 됐다.

---

* 요시모토 흥업이 주최하는 개그 콩쿠르.

이 패자 부활전 직전에 맨션 앞에서 3년 연속 뺑소니 사고를 당한 것이다. 덕분에 매년 다리를 절뚝이며 패자부활전 무대에 올랐다고 한다.

M-1 그랑프리 결승전은 매년 12월에 개최된다. 내가 이 맨션에서 뺑소니 사고를 당한 것도 12월이다. 나는 이 맨션에 1년밖에 살지 않았다. 만약 여기서 두 번째 12월을 맞이했다면 또 한 번 뺑소니 사고를 당했을지도 모른다.

가토 씨는 세 번째 뺑소니 사고를 당한 후 이 맨션에 계속 살면 M-1 그랑프리 전에 또 사고를 당할 것 같다는 생각이 들어 이사를 했다.

다른 맨션으로 이사 간 가토 씨는 어느 날 TV에서 뉴스를 보다 충격을 받았다.

"전에 살던 집이잖아!"

TV 화면에 살인사건 현장으로 가토 씨가 살았던 맨션이 나오고 있었다.

'이사해서 다행이다.'

가토 씨는 TV를 보며 진심으로 그렇게 생각했다고 한다.

*

가토 씨의 이야기를 들으면서 이 맨션에는 살인사건 발생 전부터 기묘한 현상이 발생했다는 사실을 알 수 있었다. 사고 부동산이

되기 전부터 이곳에 살면 귀신을 보고 차 사고를 당했다.

사건이 발생했기 때문에 귀신이 나오는 것이 아니라 원래 '무언가'가 있는 장소였던 것이다.

아무래도 나는 처음부터 엄청난 부동산에 살게 된 것 같다.

두 번째 사고 부동산

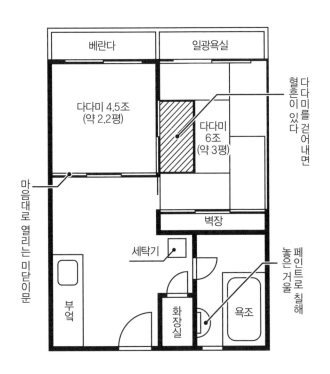

베란다

일광욕실

다다미 4.5조
(약 2.2평)

다다미
6조
(약 3평)

다다미를 걷어내면 혈흔이 있다

마음대로 열리는 미닫이문

벽장

세탁기

부엌

화장실

욕조

페인트로 칠해 놓은 거울

두 번째로 살았던 사고 부동산은 우연히 방문한 동네 부동산 사무소에서 발견했다.

"사고 부동산 없나요?"

단도직입적으로 질문하자 부동산 사장님은 다음과 같은 세 가지 집을 소개했다.

- 2DK　　2만 6천 엔
- 2DK　　2만 7천 엔
- 3LDK*　4만 3천 엔

전부 파격적으로 쌌다. 나는 각각 무슨 사고가 발생한 곳인지 물었다.

"두 글자로밖에 답을 못 드립니다만⋯."

---

* 　L＝Living, D＝Dining, K＝Kitchen

이렇게 말하며 부동산 사장님은 각 방 거주자의 사망 원인을 알려줬다.

- 2DK 2만 6천 엔 '살인'
- 2DK 2만 7천 엔 '자살'
- 3LDK 4만 3천 엔 '병사'

나는 부동산의 입지와 가격을 보고 '2DK 2만 6천 엔 살인' 물건을 선택했다.

계약 방식은 부동산에 따라 조금씩 다르다. 이번에는 지난번 계약에는 없던 '동의서'를 내놓으면서 사인해줄 것을 요구했다. 동의서에는 이렇게 적혀 있었다.

> 나는 상기 주택이 특별모집 주택(살인)이라는 점을 인지하며 이하 입주예정자 전원의 동의를 받았다는 사실을 인정합니다.

내 두 번째 사고 부동산은 2DK로 평수가 넉넉해 후배 개그맨 가슈加集(예명은 캐슈넛カシューナッツ. 쇼치쿠 예능 소속 개그맨. 콤비명은 '윤보담푸ゆんぱだんぷ')와 공동생활을 하게 됐다. 집세 2만 6천 엔을 둘이 나누면 한 명당 1만 3천 엔이다. 수입이 적은 신인 개그맨에게는 고마운 저렴한 집세였다.

건물 자체가 낡기는 했지만 내부나 벽과 바닥은 깨끗했다.

단지 다다미*가 신경 쓰였다. 현관을 지나면 부엌 겸 거실이 있고 안쪽에는 약 2평짜리 다다미방이 있었다. 그 옆에도 약 3평짜리 다다미방이 있는 구조인데, 이 방의 다다미 한 장이 뭔가 이상했다. 그것 하나만 새로 교체한 듯 보였다.

나는 위화감이 느껴지면 확인하지 않고는 못 배긴다. 그래서 드라이버를 사용해 다다미를 걷어내고 보니 그 다다미 아래에 혈흔이 남아 있었다.

묘한 점은 다다미만이 아니었다. 욕실에 거울이 없었다. 거울이 있어야 할 자리에는 핑크색 페인트가 칠해져 있었다.

거울 자리 밑에 있는 세면대는 배수가 잘 되지 않았다. 젓가락을 배수구에 넣고 휘젓자 하얀 머리카락이 왕창 나왔다. 이 머리카락을 촬영하려고 하자 카메라가 고장 났다.

이 외에도 밖에 나갔다 집에 돌아오면 닫아놓은 미닫이문이 열려 있다거나 화장실에 들어가면 현관문이 철컥거린다거나 우편물이 자주 사라지는 기묘한 현상이 계속됐다.

하지만 집 내부를 고정 촬영해도 첫 번째 집만큼 오브가 촬영되지는 않았다.

---

* 일본 전통 바닥재로 속에 짚을 넣은 돗자리 형태.

*

새로운 사고 부동산에 겨우 익숙해질 무렵 내 휴대전화에 기묘한 음성 메시지가 녹음됐다.

"꾸륵, 꼬륵, 꾸르륵, 꾸륵….."

마치 물속에서 말을 하는 것 같은 의문의 목소리가 약 2분간 녹음되어 있었다.

어떤 날은 지인으로부터 이상한 전화가 왔다.

"내 음성 메시지에 '꾸르륵 꼬르륵'거리는 이상한 메시지 좀 남기지 말아줘."

물론 나는 그 지인에게 전화를 걸지 않았다.

이런 일들은 이 사고 부동산 때문에 벌어진 영적 현상인걸까? 그렇다면 대체 이 맨션에서는 어떤 살인사건이 발생한 걸까? 인터넷을 아무리 검색해도 나오지 않았다. 실마리를 찾지 못한 채 한동안 생활하던 중에 묘한 계기를 통해 사건의 전모가 드러났다.

어느 날 집 근처 식당에서 점심을 먹고 있었는데 주인장이 내게 물었다.

"형씨는 어디 사나?"

살고 있던 맨션 이름을 말하자 식당 주인은 그 맨션에서 벌어진 사건을 자세히 알고 있는 듯이 이야기를 꺼냈다.

"거기 아들이 엄마를 죽인 곳이잖아!"

식당 주인의 이야기에 따르면, 어머니와 둘이 살던 20대 아들이 어머니를 상습적으로 폭행하다가 결국 욕조에 얼굴을 밀어 넣어 익사시킨 사건이 있었다고 했다.

그렇다면 음성 메시지에 남겨졌던 "꾸르륵, 꼬르륵" 거리는 소리가 바로⋯.

*

하지만 진짜 공포는 그 맨션에서 이사 간 후에 찾아왔다. 어느 날 오사카 시에서 발생한 무차별 살인사건에 관한 뉴스를 보게 되었다. 길거리에서 할머니가 망치에 맞아 중태에 빠진 사건이었다.

경찰에 잡힌 이 사건의 범인은 이렇게 진술하고 있었다.

"누구든 좋으니 죽이고 싶었다. 빨리 사형을 받고 싶었다."

놀랍게도 이 사건의 범인이 바로 내가 살던 맨션에서 어머니를 죽인 그 아들 녀석이었다. 그는 어머니를 살해한 후 체포되었으나 정신감정 결과 불기소 처분을 받아 교도소에 수감되지 않고 그룹 홈*에 입소했다. 하지만 곧 그곳을 탈출해서 죽일 대상을 찾아 헤매다가 이번에 무차별 살인사건을 일으켰던 것이다.

내가 그 맨션에 살았던 동안에 일어났던 일들을 다시 떠올리니 소름이 돋았다. 화장실에 가기만 하면 현관문이 철컥거렸고 우편

---

* 사회 부적응자나 사회적 약자들이 모여 공동 생활을 할 수 있도록 한 시설.

물도 자주 사라졌었다….

　이 모든 일은 괴기 현상이 아니라 그 아들이 집으로 찾아와서 한 행동들이 아니었을까? 현관문 손잡이가 덜컹거렸을 때 만일 문이 제대로 잠겨 있지 않았다면 나는 이미 이 세상에 없을지도 모른다.

잘못된 사고 부동산

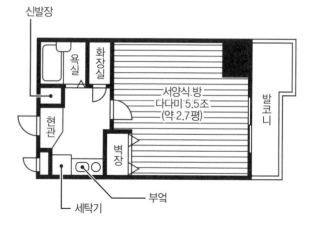

신발장

욕실

화장실

서양식·방
다다미 5.5조
(약 2.7평)

발코니

현관

벽장

부엌

세탁기

부동산 업계의 속설에 따르면 오사카에는 사고 부동산의 양대
산맥이 존재한다고 한다. 그 두 곳은 전국적으로도 화제가 된 흉악
한 살인사건이 발생한 곳으로, '사연 있는 건물'의 대명사로 불리
고 있다.

한 곳은 원래부터 '유령 맨션'이라고 소문이 돌던 맨션인데, 살인
사건이 발생하는 바람에 거주자가 모두 이사를 간 곳이다. 내가 첫
번째로 살았던 사고 부동산이 바로 그곳이다.

그리고 다른 한 곳은 아동 사체 유기 사건이 발생한 맨션이다. 그
잔혹함으로 인해 범인의 이름을 따서 통칭 'S맨션'으로 불린다. 지
금도 세상을 뜬 아이의 울음소리나 발소리가 들린다는 소문이 있다.

사건이 발생한 S맨션의 호수는 303호. 이 집은 주변 시세에
따르면 집세가 약 6~7만 엔 정도지만, 인터넷 상에 공개된 정보에
는 '2만 3천 엔'이라는 파격적인 집세로 입주자를 모집하고 있다.
하지만 이 곳은 실제로 임대하지는 않고 있다.

"이렇게 싸도 되는 거야?"

저렴한 가격에 끌려서 연락하는 고객들에게는 이렇게 대답한다

고 한다.

"그 유명한 사건이 발생한 현장인데 그래도 입주하실 건가요?"

이 말을 들으면 대부분의 사람은 포기한다고 한다. 그러면 "그 대신에…" 하고 말을 이어가면서 다른 부동산을 소개하는 소위 '낚시 부동산' 역할을 하고 있다. 이처럼 엄청난 효과를 발휘할 만큼 모두가 기억하고 있는 흉악한 사건이 발생한 곳이었다.

*

한 TV 프로그램의 코너 기획을 준비하는데, 내 머리를 잘라주던 미용사가 이런 이야기를 해줬다.

"우리 가게 단골 중에 S맨션의 사체 유기 현장 바로 아래층 집에서 살던 손님이 있었는데, 매일 밤 위층에서 아이 목소리가 들렸다고 했어요. 그리고 우편함을 열었다 닫았다 하는 소리도 났다고…."

바로 아래층 집은 203호다. 아무도 없는 303호에서 아이 목소리가 들렸다는 말은 죽어서도 아이가 여전히 그 집에 머무르고 있었다는 뜻일까?

*

다른 곳에서도 이 맨션에 관한 이야기를 들을 수 있었다.

매년 여름에 개최되는 한 괴담 이벤트 뒤풀이 모임에서 누군가 내게 말을 걸었다.

"우리 사무실 후배 중에 S맨션 사건 현장 바로 옆집에 사는 개그맨이 있는데 소개해드릴까요?"

그 개그맨이 사는 곳은 S맨션 304호라고 했다. 그래서 바로 연락을 취했다.

"솔직히 말하면 아무 일도 없었어요."

그 집에 사는 K군은 활동 5년차인 젊은 개그맨으로 사건에 관해서는 아무것도 모른 채 살고 있었다. 하지만 그 집에 살면서 개그맨 동료들로부터 자주 지적을 받았다고 한다.

"네가 사는 곳이 그 사체 유기 사건이 있었던 집 옆이라면서. 괜찮은 거야?"

처음에는 놀랐지만 K군은 특별히 예민하지도 않았고, 옆집에서 소리가 들린다거나 뭔가를 느끼는 일도 없었기 때문에 그 후로도 아무렇지 않게 생활했다고 한다.

마침 K군은 몇 개월 후에 이사할 계획이 있다면서 내게 이렇게 제안했다.

"혹시 그 집에 관심 있으시면 제가 이사한 후에 타니시 씨가 입주할 수 있도록 관리인에게 얘기해놓을까요?"

나는 이사할 시기가 되면 연락을 달라고 했다.

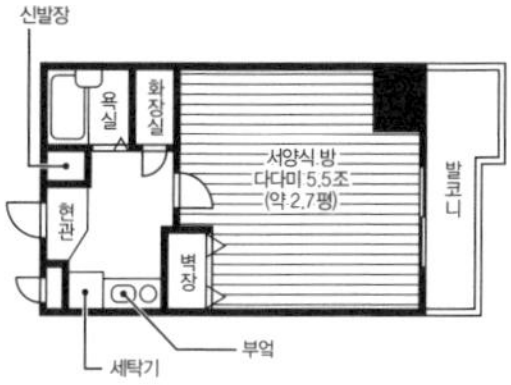

*

몇 개월 후.

나는 세 번째로 거주할 사고 부동산을 어디로 할지 고민하고 있었다. S맨션의 K군에게 연락이 온 것이 바로 그 무렵이었다.

"이사가 확정되어서 이번 달 말에 이 집에서 나가게 됐는데 사실 다음 입주자가 이미 정해진 상황이라 소개해드리기 어려울 것 같아요. 정말 죄송합니다."

사죄의 전화였다.

"그래도 분명 그 집에서 귀신은 안 나올 것 같으니까 오히려 잘된 걸지도 몰라요."

솔직히 말하면 K군이 살던 집에 입주하는 것을 조금은 기대했기 때문에 아쉬웠지만 어쩔 수 없었다.

내가 살던 맨션의 퇴거 일정이 정해졌기 때문에 지인의 부동산 사무소에서 다음에 입주할 집을 닥치는 대로 찾았다.

거기서 우연히 S맨션의 다른 집에서 입주자를 모집하고 있는 것을 발견했다.

S맨션 203호.

사건 현장 바로 아래층 집이었다. 미용실 단골 손님이 살았던, 매일 밤 위층에서 아이 목소리가 들렸다던 방. 304호에는 입주할 수 없게 됐지만 설마 203호가 비어 있을 줄이야.

나는 흥분한 채로 203호 계약을 위해 부동산 사무소에 전화를 걸었다.

"아 철컹철컹 맨션 말씀이시죠."

'철컹철컹 맨션?'

"이 맨션 각 호수 현관의 우편물 투입구가 멋대로 철컹거리면서 열리거든요. 저희들 사이에서는 유명합니다. 아마 아이 유령이 장난치는 거겠지요."

이런 유명한 이름으로 불리고 있다니…. 어쨌거나 심령 현상이 발생하는 곳임에는 틀림이 없었다. 나는 집 내부를 보지도 않고 곧바로 계약했다.

일주일 후 살고 있었던 맨션의 퇴거 당일에 S맨션의 집 열쇠를 받았다. 그만큼 이사 스케줄이 빠듯했다. 이삿짐은 하나이의 자동차를 빌려서 전에 살던 집에서 바로 날랐다.

집을 미리 보러가지 않았기 때문에 S맨션을 직접 보는 것은 처음이었다. 현관은 깨끗하게 정비되어 있었고 거주자도 젊고 세련된 여성이 많았다. 사고 부동산 특유의 음울한 분위기는 전혀 느껴지지 않는 맨션이었다.

주소를 다시 확인한 나는 눈을 의심했다.

'…사고 부동산이 아니잖아?!'

대실패였다. 내가 파악하고 있던 S맨션의 주소와 짐을 나르고 있는 이 맨션의 주소가 미묘하게 달랐다. 그렇다. 나는 사건과 아무런

관계가 없는 맨션으로 이사를 온 것이다.

어째서 이런 일이 발생했을까?

사실 이 사건이 발생한 맨션의 정식 명칭은 'S맨션 Ⅱ'였다. 맨션 이름 뒤에 'Ⅱ'가 붙었다. 그런데 내가 이사 온 맨션은 'S맨션 Ⅰ'이었다. 같은 S맨션이지만 바로 옆 건물이었다. 사건도 발생하지 않은데다 귀신도 나오지 않는 그저 세련된 맨션으로 이사를 왔던 것이다.

"이사 온 집이 알고 보니 사고 부동산이었다!" 하고 절망하는 사람도 있을지 모르지만 나는 그 반대였다.

"사고 부동산으로 이사하려고 했는데 보통 부동산으로 왔다니!"

한참 동안 하늘만 올려다봤다….

마음을 가라앉히고 미적거리며 이사를 마쳤다.

여기는 사고 부동산의 바로 옆 건물이기 때문에 사실 보통 부동산으로 취급되는 곳이었다. 게다가 사고 부동산의 바로 아래층도 아닌 평범한 203호실이었다. 그러니 딱히 집세가 싸지도 않았다. 적당히 집세가 비싼, 평범하고 깨끗한 맨션에서 나는 위약금이 그나마 조금 적은 반년 동안 살 수밖에 없었다.

사고 부동산이 아닌 보통 부동산은 정말 평범했다. 아무런 기묘한 현상도 일어나지 않았다.

*

그곳에서 살면서 알게 된 점이 하나 있다.

어느 날 소속사에서 전화가 걸려왔다.

"어? 이사 가셨어요?"

매니저였다. 이사했다는 것을 소속사에 알리지 않았는데 어떻게 알았는지 물어봤다.

"타니시 씨한테 전화하면 항상 이상한 목소리가 들려서 매니저들이 다들 전화 거는 걸 싫어했거든요. 그런데 오늘은 이상한 목소리가 안 들려서 혹시 지금 사는 곳은 사고 부동산이 아닌 건가 싶어서…."

사고 부동산이 아니기 때문에 오히려 사고 부동산에서 살 때와의 차이점이 명확하게 드러나다니. 이것만으로도 보통 부동산에서 살아볼 가치가 있었는지도 모른다…고 생각하고 싶다.

그건 그렇고 매니저들이 내게 전화 거는 걸 싫어하면 어쩌라는 것인가.

*

사고 부동산으로 착각해 입주한 사건 이후 1년이 지난 여름에 괴담 이벤트에 다시 초청되어 K군의 지인과 재회했다.

"타니시 씨, 작년에 소개했던 S맨션에 살던 K군 기억해요?"

"네, 기억하죠. 아쉽게도 K군이 살던 집에는 입주하지 못했지만…. 무슨 일이 있었나요?"

"그 녀석, 일주일 전에 자살했어요."

자살 원인도 전혀 알 수 없는 갑작스러운 죽음이었다. 세상을 뜨기 전날까지 개그 라이브에도 출연했고 평소와 특별히 다른 점도 없었다고 한다.

내가 그곳에 입주하지 못한 것은 다행이었는지도 모른다.

세 번째 사고 부동산

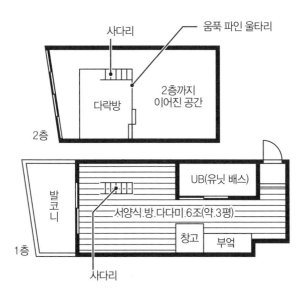

사다리

움푹 파인 울타리

다락방

2층까지
이어진 공간

2층

발코니

UB(유닛 배스)

서양식.방.다다미.6조(약.3평)

창고   부엌

1층

사다리

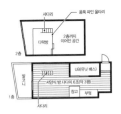

1K 다다미 6조(약 3평), 다락방 있음. 집세 3만 5천 엔.

세 번째로 살게 된 사고 부동산은 맨션 최상층의 세련된 다락방이 있는 집이었다.

나는 지난 이사에 실패해 '사고 부동산이 아닌 부동산'에 살고 있었다.

이럴 때 꼭 TV에서 실내 촬영 의뢰가 들어오거나 잡지에서 촬영 의뢰가 들어온다. 하지만 아쉽게도 "사실 지금 살고 있는 집은 사고 부동산이 아닙니다…"라고 거절할 수밖에 없었다.

이대로는 안 되겠다는 생각에 나는 다음에 살 부동산을 찾는 일에 착수했다.

*

그 무렵부터 나를 위해 사고 부동산을 찾아주는 사람이 나타났다. 부동산 중개업자인 오이시大石 씨. 아직 20대 중반인 그는 젊고 행동이 빨랐다. 이벤트에서 만난 후부터 "이것도 사회 공부죠"

라며 거의 무급으로 계속해서 나를 위해 사고 부동산 정보를 모으고 있었다.

"역시 고독사가 많네요."

오이시 씨가 찾아준 부동산 정보는 20건 정도였다. 오사카 시내에서 현재 입주자를 모집하고 있는 '심리적 하자 있음' 표기 부동산을 이 잡듯이 샅샅이 찾아줬다.

'심리적 하자'란 사고 부동산을 가리키는 부동산 용어다. '심리적 하자 있음' 혹은 '고지사항 있음'이라고 부동산 정보 비고란에 적혀 있는 경우 이는 전 입주자가 사망한 부동산, 즉 사고 부동산이라는 것을 나타낸다.

진 입주자가 불운의 사고 등으로 사망한 경우 이처럼 고지 의무가 발생하는 것이 부동산 업계의 규칙이다.

하지만 사실 사고 부동산은 좀처럼 눈에 띄지 않는다. 그도 그럴 것이 사고 부동산을 소유한 집주인은 다양한 이유로 시기를 가늠하다 입주자 모집 정보를 공개하기 때문이다.

리모델링에 시간이 걸리는 경우도 있는가 하면 다른 주민이 거부감을 보이며 퇴거하는 사태를 막기 위해 잠시 상황을 살피는 경우도 있다. 또한 실제로는 임대할 생각이 없지만 사건이 발생한 집을 파격적인 가격으로 인터넷이나 가게 간판에 게시하고 문의가 들어오면, "사실 여기는 사고 부동산입니다"라고 하며 고객을 주춤하게 한 후 다른 부동산을 소개하는 '낚시 부동산'으로 이용하는 경우도 있다.

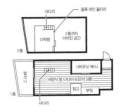

이러한 이유로 인해 실제 실시간으로 입주자를 모집하는 사고 부동산은 의외로 흔치 않다.

그렇기 때문에 20건이나 되는 사고 부동산을 찾아준 데다가 원래는 명시할 필요가 없는 사고 원인까지 집주인과 관리 회사를 통해 알아다주는 오이시 씨는 매우 고마운 존재다.

*

오이시 씨가 수집한 사고 부동산 사고 원인 중 가장 많은 것이 고독사였다. 20건의 70%가 이에 해당했다.

고령화 사회에 접어든 이 시대에는 독거노인이 아무도 모르게 숨을 거두고 유해가 부패하는 냄새로 인해 이웃 주민에게 발견되는 경우가 많다.

2015년에는 전국의 고독사가 연간 약 3만 명으로 집계됐다. 이는 고독사로 인해 전국에서 하루에 약 80건이나 되는 사고 부동산이 탄생한다는 것을 의미한다. 고독사로 인한 사고 부동산이 많을 수밖에 없다.

오이시 씨는 이 중에 두 집이 마음에 걸린다고 지적했다.

- 1R 다다미 4.5조(약 2평), 집세 3만 3천 엔. 남성이 목을 매서 사망한 집
- 1K 다다미 6조(약 3평), 다락방 있음, 집세 5만 5천 엔. 여성이

목을 매서 사망한 집

첫 번째 집의 목을 맨 남성은 사실 전 입주자가 아니라 전전 입주자였다. 원래 '전 입주자'가 사건사고로 사망한 경우에만 고지 의무가 발생하는 것이 부동산 업계의 규칙이지만 이 부동산은 사망한 사람이 '전전 입주자'임에도 불구하고 심리적 하자 부동산으로 취급되고 있었다. 그리고 또 한 가지 마음에 걸리는 정보는 전 거주자가 한 달을 버티지 못하고 퇴거했다는 점이었다.

수상했다. 하지만 관리인은 더 이상 정보를 알려주지 않았다고 한다.

두 번째 집인 여성이 목을 매 사망한 부동산에는 오이시 씨의 메모에 더욱 구체적인 내용이 적혀 있었다.

> • 실내 현관에서 목을 매 자살
> • 여성 30~40대
> • 교제하던 상대와 싸우고 우발적으로
> • 유서 있음
> • 문손잡이로 앉아 있는 것 같은 자세로 자살

관리인에 따라 알려주는 세부사항의 정도가 다른 듯했다.

나는 이 두 곳을 직접 방문해 보고 후자를 선택했다.

이유는 방 넓이와 수납공간, 편리한 입지, 그리고 돌아가신 분의

46

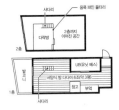

정보가 명확했기 때문이다. 또 하나의 이유는 시시하기는 하지만 한 번쯤은 다락방이 있는 집에서 살아보고 싶었기 때문이다.

*

이사를 마치고 한동안 평온한 생활이 이어졌다. 괴기 현상은 전혀 발생하지 않았다. 단 집에 있으면 머리가 아팠다. 한 달이 지날 무렵에는 항상 몸 상태가 좋지 않았고 사소한 일로도 짜증이 나기 시작했다.

어느 날 후배인 하나이를 집에 초대했다. 내가 아닌 다른 사람이 이 집에서 자면 어떻게 되는지 시험해보고 싶었기 때문이다.

"여기 뭔가 별론데요."

하나이는 예민한 편이 아니지만 집에 들어오자마자 위화감을 드러냈다. 그리고 그는 내가 깨닫지 못했던 중요한 사실을 깨달았다.

"어? 다락방 울타리 부분이 움푹 패지 않았어요?"

이뿐만이 아니었다.

울타리는 다락방으로 올라가는 사다리형 계단을 둘러싸는 듯한 ㄷ자 형태다. 그 울타리의 우묵한 부분 쪽에만 보강된 흔적이 있었다.

"이거 울타리에서 목을 맨 거 아니에요?"

아니다. 전 거주자가 목을 맨 것은 현관문 손잡이였다. 오이시 씨의 정보에 따르면 1년 전에 문손잡이와 목에 수건을 걸고 문손잡

47

이 아래에서 앉은 자세로 숨을 거뒀다고 했다. 관리인에게 직접 들은 정보였기 때문에 틀릴 리가 없었다.

하지만 목을 맨다면 확실히 다락방 쪽이 더 나을 것이다. 움푹 패여 있는 자국과 보강 흔적도 여기서 목을 맸을 때 발생한 부하로 인해 부러진 울타리를 고친 것이라고 생각하면 이해할 수 있다.

그래서 사고 부동산 공지 사이트인 '오시마 테루大島テル'를 확인하기로 했다. 어쩌면 이 부동산에 관한 알려지지 않은 세부사항이 게재되어 있을지도 모른다는 생각이 들어서였다.

사이트를 열어 주소를 입력하고 검색을 했다.

XX 시 ○○ 구 ○○ 7층
3~5년 전 다락방에서 목을 매서 자살

나왔다. '다락방에서 목을 매서 자살'이었다. 게다가 3~5년 전이다.

그렇다면… '전전 거주자'가 다락방에서 목을 맸다는 이야기다. 그리고 그 다음 거주자는 문손잡이에 목을 매 자살한 '전 거주자'다. 즉 원래 사고 부동산이었던 집이 연달아 사고 부동산이 된 이중 사고 부동산이었던 것이다.

하나이는 다음 날 아침 심각한 두통을 호소했다. 그 후 약 한 달 동안 두통약 없이는 생활할 수 없었다고 한다.

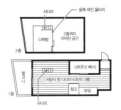

*

이렇게 생각해보면 어떨까?

원래 이 집은 모종의 이유로 인해 거주자에게 두통을 일으키는 집인 것 같다. 이로 인해 거주자가 정신적으로 불안정해져 자살한 것이 아닐까? 두통이 만성적으로 계속되면 사소한 일에도 짜증이 난다. 전 거주자였던 여성은 '애인과 싸우고 우발적으로' 문손잡이에 목을 맸다. 여기에는 두통으로 인한 짜증도 영향을 미치지 않았을까? 사고 부동산이기 때문에 두통에 시달리는 건지 아니면 두통에 시달리기 때문에 사고 부동산이 되는 건지. 사실관계는 알 수 없다.

사다리 옆의 울타리가 움푹 패여 있다.

네 번째 사고 부동산

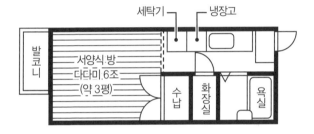

1K 다다미 6조(약 3평), 집세 2만 7천 엔.

오사카를 중심으로 세 곳의 사고 부동산에서 생활했다. 이내 도쿄에서 들어오는 일이나 취재 의뢰가 차츰 늘어나기 시작했다. 그래서 나는 이왕이면 간토關東 지방의 사고 부동산도 임대해서 살아봐야겠다고 결심하기에 이르렀다.

사고 부동산의 집세는 저렴하기 때문에 두 곳을 빌려도 보통 부동산 한 곳을 빌리는 것과 크게 다르지 않을 것 같았다. 든든한 부동산 업자 오이시 씨가 간토 지방의 저렴한 사고 부동산을 찾아줬다.

"도쿄는 사고 부동산도 꽤 비싼데요."

그렇게 말하며 찾아 준 건물은 약 10곳. 확실히 도쿄 도내都內는 사고 부동산이라고는 해도 집세가 5만 엔이 넘는 곳이 많았다. 그중에서 비교적 싼 2만 엔대의 부동산을 찾아냈다.

- 지바千葉
- 2만 7천 엔
- 약물 과다 섭취로 인한 여성 사망

• 올해 1월 사후 10일 후 발견

"여기로 하죠."

경제적인 이유로 인해 나는 바로 결정을 내렸다.

실제로 집을 보러 가는 단계에서 특별한 문제는 없었다. 방은 깨끗했고 도심부까지 전철로 바로 이동할 수 있는 위치였다. 역에서 조금 먼 것이 마음에 걸렸지만 자전거를 사면된다. 나머지는 맞은편 주택의 방범 센서가 그 앞을 지날 때마다 삑삑거리는 소리에 조금 놀란 것 정도였다.

첫날. 문을 열고 신발을 벗고 복도를 두세 걸음 지나 안쪽 방으로 향했다.

'음?'

방에 들어선 순간 갑자기 다리에 힘이 빠졌다. 어쩔 수 없이 들어가자마자 바로 오른쪽에 있는 벽에 기대어 앉았다. 그 자리에서 움직일 만한 기력이 완전히 사라져버렸다. 가위에 눌린 것처럼 의식은 있지만 움직일 수 없는 상태는 아니었다. 노력하면 움직일 수는 있지만 움직일 마음이 들지 않는, 달리 말하자면 전혀 움직이고 싶지 않은 상태가 되고 말았다. 나는 그대로 기절해버렸다.

*

다음 날 아침 나는 스마트폰을 손에 쥔 채 바닥에 엎어진 상태에서 눈을 떴다.

기절하기 전 나는 스마트폰으로 새로운 사고 부동산의 첫날 밤 상황을 촬영하고 있었다. 내가 의식을 잃은 사이에 촬영한 영상을 되돌려보자 심야 2시부터 동이 틀 무렵까지 집 밖에서 나는 소리가 녹화되어 있었다.

"삐삐삐삐, 삐삐삐삐, 삐삐삐삐…."

이 소리는 아파트 맞은편 집에 설치된 방범 센서에서 나는 소리였다.

누군가가 집 앞을 지나가면 센서가 반응하면서 소리가 난다. 하지만 심야부터 동이 틀 무렵까지 사람이 거의 지나다니지 않는 곳에서 빈번하게 센서가 반응하는 것은 이상했다.

사람이 아닌 '무언가'가 집 앞을 지나다닌 것은 아닐까?

애초에 저 방범 센서는 대체 무엇을 쫓기 위한 것일까?

*

사실 그 후 몇 개월 동안 이 집에서 지낸 날은 몇 번 되지 않는다. 이 집에 들어오면 강렬한 권태감에 휩싸여 속이 안 좋아졌기 때문이다.

그런 가운데 TV 프로그램 취재 스케줄이 잡혀 이 집에 카메라가 들어왔다. 방문한 탤런트는 예민한 편인지 집이 가까워짐에 따라 "이명이 심해진다"고 호소했다. 이윽고 집 앞에 도착하자 "절대 못

들어간다"라고 하면서 울음을 터트려 결국 집에는 들어가지 못한 채 촬영을 마쳤다.

프로그램 스태프들이 철수 작업을 하는 동안 한 여자 스태프가 자리에 서서 움직이지 않았다.

"너, 뭐 하나!"

선배 스태프가 말을 걸자 그녀는 내 방 위층의 창문 울타리를 가리키며 말했다.

"울타리에 여자가 매달려서 '저리가, 저리가'라고 말하고 있어요."

그녀에게는 여자의 모습이 보였던 것 같다.

다섯 번째 사고 부동산

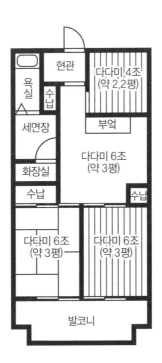

　나는 지바에 네 번째 사고 부동산을 임대한 채로 간사이関西 지방에 있는 새로운 사고 부동산으로 이사를 가기로 했다. 항상 내 부동산을 찾아주는 오이시 씨의 상사인 니시카도 씨의 제안이 계기가 되었다.

　어느 술자리에서 간사이 지방에 패밀리 맨션을 소유한 사람이 니시카도 씨에게 상담을 했다고 한다.

　"사실 제가 소유한 맨션 중 한 곳에서 자살 사건이 있었습니다. 그 집을 방치한 채로 3년이 지났어요. 임대를 하고 싶기는 한데 모집을 하면 이 맨션이 사고 부동산이라는 사실을 공지해야 하잖아요? 그러면 지금 거주하시는 분들이 이사를 가지 않을까 걱정이 되어서…."

　이 이야기를 들은 니시카도 씨는 이렇게 대답했다.

　"그 사고 부동산 기록을 지워주는 사람이 있습니다."

　사고 부동산의 경우 기본적으로 전 거주자가 사망했다는 사실을 다음 거주자에게 고지해야 하는 의무가 있다. 하지만 한 번이라도 누군가가 입주하면 고지 의무가 사라진다는 규칙도 있다. 즉 전전 거주자의 사망은 고지하지 않아도 되는 것이다.

니시카도 씨는 가장 먼저 내 얼굴이 떠올랐다고 한다. '사고 부동산에 사는 개그맨'인 내가 거주한 사고 부동산은 다음 거주자에게는 더 이상 사고 부동산이 아니다(엄밀하게 말하자면 '고지 의무'가 사라진다).

만약 내가 거기에 "살고 싶어요"라고 말한다면 맨션 주인의 고민은 해소된다. 만약 이 상황이 실현된다면 훌륭한 '사고 부동산 세탁'이 되는 셈이다.

"타니시 씨 어떠세요?"

상당히 흥미로운 이야기였다.

사고 부동산에 살고 싶은 개그맨과 사고 부동산 기록을 지우고 싶은 소유주.

집 구조는 3DK이고 집세는 3만 엔이었다. 실제 시세의 절반 이하 가격이므로 조건은 상당히 좋았다.

"전 거주자는 불단에서 목을 맸다고 합니다."

불단에 어떻게 목을 맨다는 것인가….

"불단의 손잡이 부분에 끈을 걸었던 것 같아요. 어쨌거나 불단에서 늘어진 끈이 목에 감겨 있었고 엉덩방아를 찧은 모습으로 발견됐다고 합니다. 그때 목이 주욱 늘어진 상태였다고 해요."

이 방에서 돌아가신 분은 60대 남성이다. 80세가 넘은 아버지를 줄곧 돌보다 아버지의 사망 후 그 뒤를 쫓듯이 아버지의 위패 앞에서 목을 맸다는 이야기였다.

나는 이 집에서 살기로 했다.

*

직접 집을 방문해보니 상당히 지저분했다. 헤비 스모커였는지 벽에 찌든 때가 엄청났다. 바닥은 신발을 신지 않고는 들어갈 수 없을 정도로 지저분했고 부엌은 기름투성이였다.

특히 신경 쓰였던 부분은 부엌 벽에 보이는 액자 흔적이었다. 왠지 모르지만 그곳에는 장식된 그림과 사진의 흔적이 그대로 남아 있었다. 원래 액자가 장식된 곳은 그 부분만 더러워지지 않기 때문에 깨끗한 원래 벽 색깔을 유지한다. 하지만 벽에는 현수교나 산, 단체사진의 흔적이 흐릿하게 남아 있었다.

나는 한 가지 제안을 했다. 바로 "리모델링은 하지 말아주세요"라는 제안이었다. 이 얼룩투성이 벽에 신발 없이는 들어갈 수조차 없는 바닥을 그대로 남겨달라고 부탁했다. 사고 부동산의 사고 현장을 그대로 남겨두고 살아보고 싶었다. 맨션 소유주는 의뭉스러운 표정을 지었지만 내 제안을 승낙해줬다.

이 부동산의 계약에는 '확인서'라는 본 적도 없는 서류가 등장했다. 거기에는 다음과 같은 내용이 적혀 있었다.

> – 임대 실내의 촬영 공개 시 창문 및 베란다 조망이 노출
> 되지 않도록 할 것.
> – 건물 소재지 공개, 외관 촬영 및 공개는 엄금한다.
> – 을은 임대 실내 및 건물 사용에 있어 을의 직업 특성상
> 인근 주민 및 기타 제삼자가 본 건 소재지를 추측할 수
> 없도록 충분히 주의한다(본 건 사용자가 을이라는 사실
> 을 알 수 없도록 노력한다).
> – 상기 사항을 위반 혹은 선량한 사용 및 관리가 이루어
> 지지 않는다고 갑이 판단할 경우 본 계약을 즉시 해약
> 한다.

즉 '절대로 위치를 들키지 않도록' 하라는 것이었다. 들키는 즉시
나는 바로 퇴거해야 한다는 계약이다. 일본 전국 어디를 찾아봐도
이런 계약은 없을 것이다.

막상 생활을 시작하자 상당히 불편했다. 집 안에서도 신발을 신
어야 했고 짐을 놓을 수도 없었기 때문이다. 결국 자살 현장과 상
관없는 현관 옆의 작은 방에만 카펫을 깔아 옷 종류를 정리하고 침
실로 삼았다.

한동안 이 집에서 생활하면서 아무리 쉬어도 '체력이 회복되지
않는다'는 사실을 깨달았다. 이 집에서 자고 일어났을 때 전혀 몸
이 회복되지 않는다는 사실을 알게 된 것이다.

이 집에서 하룻밤 자고 간 친구도 10시간을 잤음에도 불구하고

눈을 떴을 때 잠들기 전보다 더 피로를 느꼈다는 사실에 놀랐다.

인터넷 스트리밍을 통한 방송 프로그램을 이 방에서 중계했을 때는 프로그램 후반부의 괴담 코너 도중에 "검은 그림자가 벽을 스쳐갔다"는 코멘트를 시청자들이 잇달아 보냈다. 그림자 모양은 마치 '사신' 같았다고 했다. 나중에 영상을 확인해보니 그림자가 잠깐 스쳐가는 것이 보였다. 그 모습은 분명히 검은 후드를 뒤집어쓴, 낫을 든 사신과 닮은 형태였다. 그리고 그 그림자가 나타난 장소는 전 거주자가 목을 맨 불단이 있던 곳이었다.

이 방에서는 특별히 무언가가 일어나지는 않았다. 다만 집을 방문한 모든 사람들의 수명이 시시각각 줄어드는 것 같은 권태감을 느꼈다. 어쩌면 사신은 실제로 존재하는 지도 모른다.

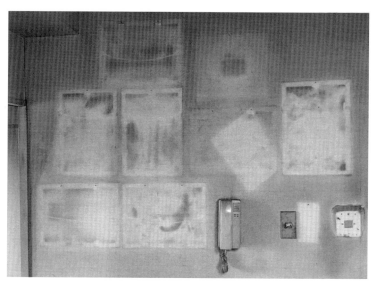

부엌 벽에 남겨진 얼룩. 전 거주자가 남긴 추억의 흔적인 걸까?

동거인

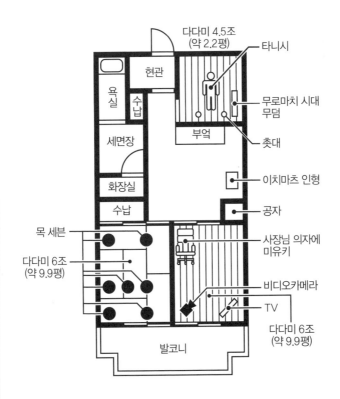

다다미 4.5조
(약 2.2평)

타니시

무로마치 시대
무덤

촛대

현관

욕실

수납

세면장

화장실

수납

부엌

이치마츠 인형

공자

사장님 의자에
미유키

목 세븐

다다미 6조
(약 9.9평)

비디오카메라

TV

다다미 6조
(약 9.9평)

발코니

내가 살고 있는 사고 부동산에는 동거인이 있다. 보이지 않는 동거인도 몇 명 있을지 모르지만 안타깝게도 나는 그 모습을 확인할 수 없다. 여기서 소개하는 '눈에 보이는' 동거인은 바로 '동거 인형'이다.

먼저 첫 번째 동거 인형은 미유키다. 그녀는 꽤 잘 만들어진 큰 아기 인형이다. 그녀는 원래 쇼치쿠松竹 예능 양성소에 있던 소도구였다. 콩트나 연극에서 사용하기 위해 만들었는데, 너무 리얼하게 만들어졌기 때문에 무대에서 사용할 때마다 객석에서 비명이 들리는 일이 종종 있었다. 말하자면 귀엽다기보다는 무섭게 생긴 인형이다.

예전에 어느 콤비가 개그 라이브 콩트에서 미유키를 사용했는데 객석에서 전혀 웃음이 터지지 않았다고 한다. 이 콤비가 전에 같은 콩트를 다른 인형으로 선보였을 때는 꽤 반응이 좋았는데, 이번에는 전혀 반응이 없었기 때문에 잘 이해가 가지 않았다.

그러나 개그 라이브가 끝나고 객석에서 회수한 설문조사 응답을 보고 상황을 이해했고 동시에 소름이 끼쳤다고 한다.

설문조사 용지에 "인형이 화가 났다", "눈이 움직였다", "울음소리가 들렸다"고 적혀 있었던 것이다. 그 후 미유키는 쇼치쿠 예능의 젊은 개그맨들 사이에서는 '쓰면 안 되는 인형'이라 불리며 두려움의 대상이 됐다.

그 후 5~6년 전에 쇼치쿠 예능이 새로운 양성소를 마련하면서 필요 없는 소도구나 의상을 젊은 개그맨들이 마음대로 가져갈 수 있는 기회가 생겼다. 그때 왠지 모르지만 나는 그 아기 인형과 눈이 마주쳤다. 정신을 차리자 나는 미유키를 집에 데리고 가고 있었다.

그 후 얼마 지나지 않아 나는 사고 부동산에서 살게 됐다. 사연 있는 부동산에 사연 있는 인형까지. 하지만 기대와 달리 미유키는 내 방에서 딱히 아무런 현상도 일으키지 않았다.

하지만 미유키는 집 밖에서 실력을 발휘했다. 인터넷 방송 프로그램 녹화에 미유키를 데려갔을 때의 일이다.

"귀신을 본 적도 없고 믿지도 않아요."

이렇게 말하던 여성 출연자가 미유키에게 비정상적일 정도로 공포를 느끼고 이를 호소했다.

"미유키 양이 화가 났어요."

확실히 모니터로 보이는 미유키의 표정은 스튜디오 조명에 따라 '화가 난 것처럼' 보이기도 했다. 그날 그녀는 미유키와 일정한 거리를 유지하며 생방송을 마쳤다.

다음 날 그녀는 "다시는 미유키와 함께 출연하고 싶지 않아요"

라는 연락을 해왔다. 자세한 사정은 이러했다. 지난 밤 방송을 마치고 집에 돌아갔는데 집 안에 미유키와 꼭 닮은 크기의 검은 그림자가 엄청난 속도로 뛰어다녔다고 한다. 간신히 마음을 가다듬고 잠이 들었지만 아침에 눈을 뜨자 손목에 원인을 알 수 없는 상처가 남아 있었다는 것이다…. 일주일 후 프로그램 촬영에서 다시 그녀를 만났을 때 그녀의 손목에는 원인불명의 멍이 일곱 개나 생겨 있었다.

"미유키 양을 방송에서 만난 이후부터 손목에 상처가 하나씩 늘어나요…. 더 이상 그녀와 관련되고 싶지 않아요."

미유키가 자신을 질투한다는 것이 그녀의 생각이었다. 혹시 미유키 양은 내게 여자가 다가오지 못하도록 협박을 하는 것이 아닐까?

*

사고 부동산에 오래 살면 웬일인지 기묘한 물건이 모여든다.

"선물이 있어."

하라原(본명은 하라 마사카즈原昌和. 락밴드 'the band apart'의 베이시스트) 씨는 이렇게 말하며 사이타마埼玉에 있는 강에서 주운 무로마치 시대의 무덤 표지석을 건넸다.

하라 씨는 동료들과 강가에 바비큐를 하러 갔을 때 식재료를 자르기 위한 도마를 챙겨가지 않았다고 한다. 도마 대신 사용할 수

있을 만큼 납작한 돌을 찾던 도중 우연히 적당한 크기의 돌을 발견했는데, 납작한 면에 식재료를 올리고 자르다가 보니 돌에 글자가 적혀 있었다고 한다.

돌에 새겨진 글자가 산스크리트어와 한자여서 무슨 의미인지 알 수 없었던 하라 씨는 나중에 역사학자인 지인에게 돌을 보여줬다.

"이건 무로마치 시대의 이타비板碑야."

이타비란 무로마치 시대의 소토바*와 비슷한 것으로 그 시대에는 널빤지가 아니라 돌에 이름을 새겼었다고 했다. 즉 이것은 무덤을 가리키는 표식이었다.

"이걸 가지고 있을 만한 사람은 너밖에 없는 것 같아서."

그렇게 말하며 하라 씨가 내게 맡긴 20kg에 달하는 이타비는 지금도 집에 보관되어 있다.

*

세 번째 사고 부동산에서 살던 시절에는 집 근처 쓰레기장에서 대량의 목을 발견했다. 목은 목이지만 사실 사람 목이 아니라 마네킹의 목이었다. 근처에 있는 미용 전문학원에서 사용하던 커트 연습용 마네킹일 것이다.

---

* 죽은 사람을 공양하기 위해 산스크리트어나 경문 등을 적어 묘지에 세운 갸름한 널빤지.

바로 그 머리만 있는 마네킹 일곱 개가 쓰레기장에서 나를 바라
보고 있었다.

나는 마네킹을 집으로 들고 가 '목 세븐'이라는 이름을 붙여줬다.
그 후 목 일곱 개에 둘러싸여 자는 모습을 촬영한 일이 있었는데,
그날 내 입에서 오브가 튀어나오는 영상이 찍혔다.

*

기쿠히메菊姫와 공자孔子도 내 동거인이다.

기쿠히메는 이치마츠 인형市松人形*이고 공자는 기쿠히메의 몸 안
에 들어있던 다른 인형의 목이다.

이 둘은 어느 고물상으로부터 양도받았다.

"저 이치마츠 인형을 가져가주시면 안 될까요?"

이 인형을 창고에 두었는데 유리창 깨지는 소리가 끊이지 않았
다고 했다. 그 소리를 듣고 창고에 보러 가면 아무 일도 없었던 것
처럼 소리가 그쳤다. 하지만 문을 닫으면 다시 "쨍그랑 쨍그랑" 하
는 소리가 들렸다. 이 인형은 망한 어느 인형 가게에서 인수했다고
했다. 그 인형 가게는 주인이 자살하고 폐점할 수밖에 없는 상황에
처해 있었다. 점포에 남겨진 인형들 가운데 이 이치마츠 인형만 범

---

* 일본 전통 인형.

상처 않은 분위기를 풍기고 있었다. 인형 얼굴은 사람의 피부를 사용해 만들어졌다고 알려져 있었고, 몸통을 상반신과 하반신으로 분리할 수 있는 구조였다. 그리고 분리된 하반신에는 다른 인형의 목이 수납되어 있었다.

고물상 주인은 너무나 이상한 인형이라 신경이 쓰여 가지고 왔지만 창고에서 들리는 수수께끼의 소음을 견딜 수 없어서 나에게 양도하기로 마음을 먹었다고 말했다.

나는 양도받은 인형을 큰 이케아 가방에 케이스 채로 넣어 망가지지 않도록 조심스럽게 집으로 가지고 돌아왔다.

집에 인형을 가지고 돌아온 날 나는 드물게도 꿈을 꿨다.

내가 아이가 되어 밖에서 놀고 있는 꿈이었다.

그게 나 자신이었는지 알 수는 없었지만 시점은 아이의 것이었다. 모래밭이나 철봉 등이 보였던 것으로 미루어보면 아마 공원이었던 것 같다. 하지만 내용은 그 정도밖에 기억이 나지 않았다.

아침에 눈을 뜨자 하반신이 축축했다. 아무래도 완전히 젖어 있는 것 같았다. 정신이 들고 보니 소변을 본 것이었다.

초등학교 이래로 20여 년 만에 이불에 오줌을 쌌다. 이치마츠 인형을 집으로 가져간 날 일어난 일이었다.

다행히 그 후로는 아무 일도 일어나지 않았다.

*

　이치마츠 인형의 이름은 '기쿠히메'가 되었고 기쿠히메의 몸속에 들어 있던 목에는 '공자'라는 이름을 붙였다.

　인형의 목 부근에서 나온 구깃구깃 구겨진 의문의 종이를 펼쳐보자 중국어 같은 글자가 적혀 있었다. 그 가운데 '공자'라는 글자가 있었기 때문에 인형 목의 이름은 '공자'가 됐다.

　나는 라디오 방송국에 이 공자를 데려갔었다.

　그때 입구에서 경비 아저씨가 이렇게 말했다.

　"자, 빨리 다섯 분 이름을 적으세요."

　그곳에는 나를 포함해 네 명이 있었다.

　내가 당황하자 아저씨는 우리를 더 재촉했다.

　"빨리 다섯 명 다 적으세요."

　동행한 디렉터가 사원증을 제시했기 때문에 우리 넷은 이름을 적지 않고 들어갈 수 있었다. 하지만 경비 아저씨가 본 다섯 번째 사람은 누구였을까? 아마도 공자였을지도 모른다.

사고 부동산 도면 갤러리

살지는 않았지만 기억에 남는 사고 부동산의 도면 컬렉션 중

일부를 소개합니다.

여섯 번째 사고 부동산

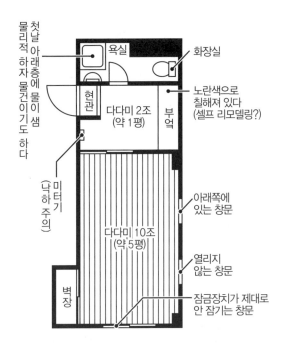

첫날 아래층에 물이 샘
물리적 하자 물건이기도 하다

욕실

화장실

현관

다다미 2조
(약 1평)

부엌

노란색으로
칠해져 있다
(셀프 리모델링?)

미터기
(낙하 주의)

다다미 10조
(약 5평)

아래쪽에
있는 창문

열리지
않는 창문

벽장

잠금장치가 제대로
안 잠기는 창문

내가 여섯 번째로 살기 시작한 사고 부동산이다. 도쿄 야마노테山手선에 속하는 도심에 위치하고 있다. 역에서 도보 3분이라는 좋은 입지에도 불구하고 1K 방의 집세는 6만 엔에 불과했고 보증금도 없었다. 50대 남성이 목을 매달아 세상을 떴다. 숨을 거둔 장소는 명확하지 않다.

어디서든 죽을 수 있는 집

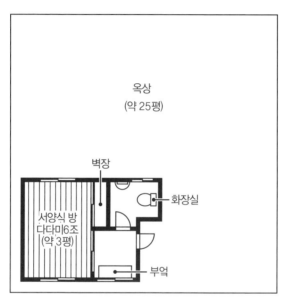

옥상
(약 25평)

벽장

서양식 방
다다미 6조
(약 3평)

화장실

부엌

오사카 중심가에 위치하고 있으며 역에서 도보 17분이다. 넓은 옥상을 마음껏 사용할 수 있다. 360도 어디서든 뛰어내릴 수 있는 곳이지만 서양식 방에서 고독사했다. 집세는 2만 엔. 보증금 없음. 사례금*은 5만 엔.

---

* 입주 시 집 주인에게 지불하는 사례 형식의 돈, 일본 특유의 문화.

2년에 한 번씩 죽는 집

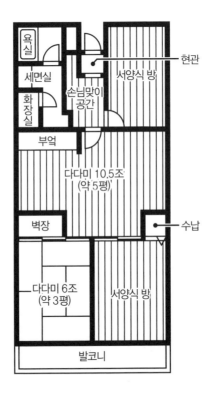

간토 지방에 있는 '2년에 한 번씩 죽는 집.' 거주자가 2004년에 고독사, 2006년에 투신, 2008년에 목을 매달아서 잇달아 사망했다. 3LDK 집세 5만 엔에 보증금과 사례금이 없는 파격적인 저가 부동산이다.

바로 나가버리는 집

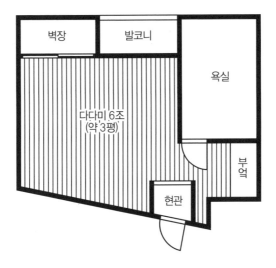

오사카 중심부에 위치하고 있으며 역에서 도보 6분 거리에 있다. 집세는 3만 3천 엔, 보증금과 사례금은 없다. 사고 부동산이 된 후 두 명이 거주했다. 하지만 1년 이내에 이사하면 위약금(집세 한 달치)이 발생함에도 불구하고 모두 한 달 만에 방을 뺐다고 한다.

영적인 감각이 강하면 살 수 없는 집

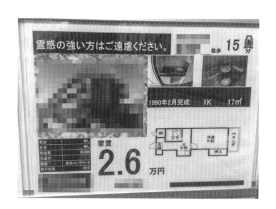

부동산 벽보에 "영적인 감각이 강한 분은 삼가시기 바랍니다"라고 적혀 있던 부동산 물건. 역에서 도보 15분에 집세 2만 6천 엔. 보증금과 사례금은 없다. 오사카 교외에 있는 철근 콘크리트 맨션이다.

벽장을 주의해야 하는 집

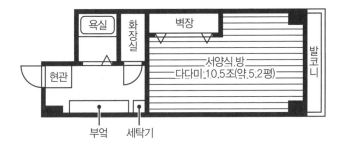

1층에서 발생한 화재로 어린 자매가 사망했으며 약 10년 후 다른 층에서 남성이 벽장에서 목을 매달아 자살했다. 그 후 또다시 같은 방 벽장에서 여성이 목을 매 자살한 저주받은 부동산 물건이다. 오사카를 대표하는 세련된 번화가 근처에 있다.

최종 후보였던 집

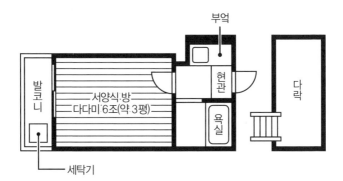

부엌

발코니

서양식 방
다다미 6조(약 3평)

현관

욕실

다락

세탁기

도쿄 도심부에서 가까운 인기 주택가에 위치하고 있으며 역에서 도보 7분 거리, 다락이 딸린 세련된 부동산임에도 불구하고 집세는 5만 7천 엔이다. 보증금과 사례금도 없다. 전 거주자가 자살했으며 사망 다음 날 직장 동료가 신고를 했다. 자세한 사정을 알 수는 없지만 다락 울타리를 다시 설치한 흔적이 있다. 내가 여섯 번째로 살 집 중 최종 후보까지 올라왔었다.

얼룩이 나타나는 단층집

오사카 주택부지에 위치했으며 3K라는 넓은 면적에도 불구하고 집세가 3만 5천 엔인 단층집. 부부가 둘이서 살던 집으로 20년 전에 부인이 화장실에서 목을 매 자살했다. 발견 당시 부패가 진행돼 유해가 화장실과 하나가 된 상태였다고 한다.

변기 위에 있는 대들보에 끈을 맨 자국이 지금도 남아 있다. 사후 20년이 지났으나 아무도 살지 않고 화장실 외벽에는 수수께끼의 얼룩이 종종 나타난다.

---

* 床の間: 일본식 방 상좌에 바닥을 한층 높게 만든 곳.

외롭지 않은 집

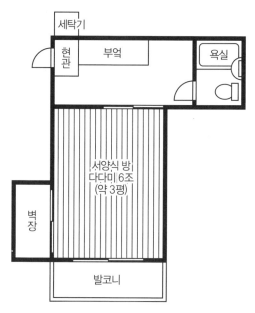

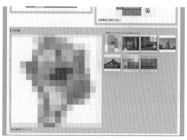

대형 부동산 정보 사이트에서 "혼자 살지만 혼자 사는 것 같지 않은 느낌이 드는 집"이라고 유령 캐릭터와 함께 업로드 해서 화제가 됐다. 지바 현에 위치하고 있지만 교통편이 도심으로 바로 이어지는 입지에 집세는 2만 3천 엔이다. 보증금과 사례금은 없다. 근처에 사는 주민의 정보에 따르면 숨을 거둔 사람은 남자 노인이었고 고독사였다고 한다. 그 후에 거주하고 있는 사람도 노인 남성이라고 한다.

살기 전에 죽는 집

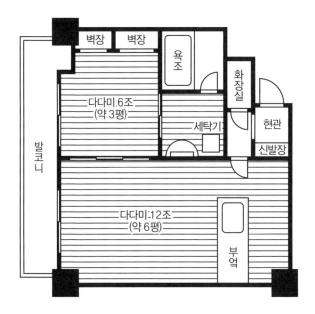

오사카 중심가에 가까운 주택가로 역에서 도보 1분 거리이며 집세가 14만 엔인 고급 맨션이다. 집을 보러 왔던 사람이 10층 창문에서 투신자살했다.

특수 청소

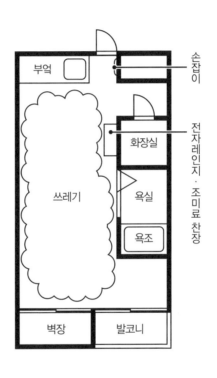

부엌

손잡이

화장실

전자레인지 · 조미료 찬장

쓰레기

욕실

욕조

벽장

발코니

  특수 청소란 주로 사건사고나 자살 등이 발생한 변사 현장이나 고독사로 사체 발견이 늦어져 부패 등으로 인해 손상된 실내를 복구하는 청소다. 그 외에도 의뢰에 따라 쓰레기를 버리지 않고 쌓아두는 집의 청소나 일반 주택 청소, 유품 정리, 생전 물품 정리 등도 담당하는 업체가 바로 오사카의 특수 청소회사 다이운ダイウン이다.

  "기회가 되면 특수 청소 현장을 체험할 수 있게 해주십시오."

  다이운의 사장님인 야마모토 나오타카山本直嵩 씨에게 부탁한 결과 실제로 아르바이트를 할 수 있는 기회를 얻었다.

*

  먼저 청소를 시작하기 전에 방호복과 방독 마스크를 착용했다. 이는 냄새를 줄이고 세균 등을 흡입하지 않기 위한 조치였다. 이번에 청소하는 곳은 고독사가 발생한 집이었다. 사고 부동산일 뿐 아니라 쓰레기를 버리지 않고 쌓아둔 상태였다.

  맨션 1층에서 청소도구를 반입하고 있었더니 엘리베이터에서 내리던 주민이 말을 걸었다.

"○층에 ○○○호지요?"

아무래도 맨션 주민들에게도 이미 알려진 듯했다.

현장이 있는 층수에 도착하자마자 바로 어느 집인지 알 수 있었다. 엘리베이터에서 내린 순간부터 이미 강렬한 악취를 맡을 수 있었기 때문이다. 콧속을 찌르는 듯한 냄새였다. 그리고 현장인 집 창문에서 밀가루 같은 무언가가 퍼지고 있었다. 그 가루처럼 보이는 무언가를 자세히 들여다보니 꼬물꼬물 움직이고 있는 아주 작은 구더기였다.

집에 들어가자 발 디딜 틈이 없었다. 정말 쓰레기 집이란 말이 딱 맞았다.

일단 쓰레기봉투에 짐을 우겨넣기 시작했다. 의뢰인이 돈과 귀중품 외에는 다 버려도 된다고 했기 때문에 일단 눈앞에 보이는 것은 다 쓰레기봉투에 넣었다.

의류는 그나마 괜찮았지만 정말 괴로웠던 것은 식료품을 담을 때였다. 과일도 빵도 새카맣게 변색됐고 강렬한 악취가 났다. 게다가 여름이어서 구더기도 엄청났다.

한동안 쓰레기봉투에 우겨넣기를 반복하자 집이 쓰레기봉투로 가득 찼다. 아마 50개는 됐을 것이다. 쓰레기봉투를 일단 집 밖으로 옮겨 공간을 확보하고 욕실 청소를 시작했다.

사체가 발견된 장소는 욕실이었다. 사후 한 달 정도 지나서 사체는 완전히 부패한 상태였다. 녹아내린 체액은 욕실 바닥과 벽에 검

은 얼룩이 되어 눌어붙어 있었다.

욕조에는 물이 채워져 있었고 구더기가 수면을 뒤덮은 데다 샤워 호스 아래에는 마치 가발처럼 보이는 머리카락 뭉치가 떨어져 있었다.

부패한 사람의 머리카락은 빠지는 것이 아니라 두피째로 뼈에서 분리된다고 한다. 참고로 발견된 사체는 경찰이 인수하지만 이때 옮기지 못한 신체 일부는 쓰레기로 취급된다.

이날 현장에서 함께 작업한 선배는 이렇게 말했다.

"이전 현장은 더 심각했어요. 욕조에서 돌아가셔서 수프 같은 상태였거든요. 그렇게 되면 배수구로 흘려보낼 수가 없으니 국자로 퍼내서 쓰레기봉투에 담았죠. 정말 힘들었어요."

선배들이 욕실 처리를 마친 후 나는 특수한 세정액을 사용해 욕실에 남은 체액 제거와 구더기 제거를 담당했다. 구더기는 아무리 없애도 어딘가 틈새를 비집고 다시 나온다는 점이 참으로 신기했다. 청소 후 구더기가 나오면 불만사항이 접수되기 때문에 한 마리도 남기지 않고 제거해야 한다. 이 작업이 상당히 힘들었다.

작업을 시작한 지 몇 시간이 지나자 아무런 감정도 느껴지지 않았다. 냄새가 난다거나 무섭다 혹은 더럽다 같은 감정은 초반 몇 분이 지나고 나면 사라진다. 그보다도 작업을 시간 내에 끝내야 한다는 책임감이 더 강해졌다.

작업은 약 네 시간 정도 걸렸고 의뢰인인 유족이 상황을 확인하러 왔을 무렵에는 집이 깨끗하게 정리되어 있었다. 남은 물건은 동전 몇 닢과 생전에 사용했을 아이패드뿐이었다.

이때 기묘한 현상이 발생했다. 화장실 문이 잠긴 것이었다. 물론 화장실에는 아무도 들어가지 않았다. 드라이버로 문을 열고 보니 역시 아무도 없었다.

유족이 나직이 말했다.

"나한테 이런 모습을 보이고 싶지 않았나 보네요."

독거노인의 고독사는 해마다 증가하고 있다. 가족의 유대 관계와 그 관계를 유지하는 방식은 각 가정마다 다를 것이다. 하지만 '사람이 죽는다'는 사실에 대한 외로움과 허무함, 그리고 산다는 것에 관해 조금이나마 생각해 볼 수 있는 기회였다. 내게는 그런 체험이었다.

방호복, 방독 마스크로 완전 무장한 저자

긴류라멘

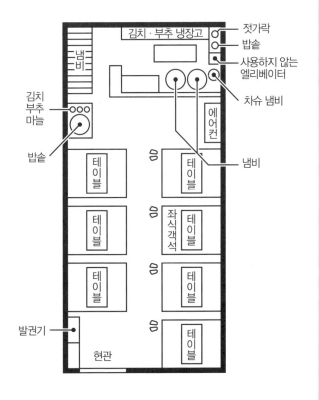

김치 · 부추 냉장고

냄비

김치
부추
마늘

밥솥

젓가락

밥솥

사용하지 않는
엘리베이터

차슈 냄비

에어컨

냄비

테이블

테이블

테이블

테이블

좌식객석

테이블

테이블

테이블

발권기

현관

긴류라멘金龍ラーメン은 오사카 미나미ミナミ에서 다섯 개의 점포를 운영하는 유서 깊은 라멘 가게다. 40년이 넘는 역사를 지녔으며 "오사카 하면 긴류"라고 할 정도로 이 지역은 물론 전국적으로도 널리 알려진 가게다. 또한 24시간 영업을 가장 먼저 시작했기 때문에 미나미 지역에서는 밤에 '술을 마시고 마무리'로 들르는 정석 코스다.

나는 이 긴류라멘에서 10년 정도 야간 아르바이트를 하고 있다. 언제 일이 들어올지 모르는 젊은 개그맨에게 심야 아르바이트는 매우 귀한 수입원이다.

야간 근무는 밤 11시부터 아침 7시까지 8시간이다. 각 점포당 2인 체제로 운영되며 도중에 시간이 나면 휴식하면서 일을 한다. 다만 한 점포는 1인 체제로 운영되고 있다. 바로 센니치마에千日前 상점가에 위치한 지점이다.

*

10년 가까이 지난 일이다. 나는 새벽 1시에 손님의 발걸음이 끊긴 에비스바시戎橋점 주방을 청소하고 있었다. 이 시간대에 청소를 마치면 나중에 업무가 수월하다. 손님이 없는 동안 정리를 마치려고 열심히 청소를 하는 사이 입구의 발권기 앞에 한 아주머니가 서 있었다.

"어서 오세요. 발권기에서 식권을 구매해주시기 바랍니다."

긴류라멘 입구에는 발권기가 있다. 손님은 거기서 식권을 구매하고 안쪽 카운터로 가지고 온다. 그리고 라멘이 완성되면 직접 받으러 오는 셀프 서비스 시스템으로 운영된다. 처음 오는 손님들은 이 시스템을 모를 수도 있기 때문에 항상 이 대사로 손님을 맞이했다.

그나저나 저 아주머니는 언제부터 있었던 거지?

"…."

답이 없었다. 아주머니는 발권기 앞에 선 채 움직일 낌새가 보이지 않았다.

"손님. 발권기에서 식권을 구매해주시기 바랍니다."

"…삼…시…."

응? 아주머니가 무언가 말을 하고 있었다.

"…삼…십…유…."

뭐지?

"…삼에…사…십육…."

삼에 사에 십육? 숫자? 무슨 숫자지?

"…은마치, 삼에, 사에, 십육."

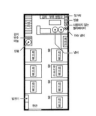

목소리가 점점 커졌다. 대체 뭐지?

"우에혼마치上本町 3-4-16."

…우리 집 주소였다.

나가이의 만화 카페

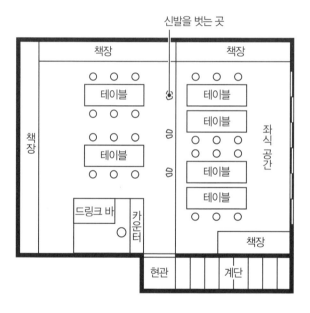

약 13년 전 나는 오사카 나가이長居 공원 앞의 소바 가게 2층에 있는 만화 카페에서 아르바이트를 했었다. 인터넷을 할 수 있는 컴퓨터도 개별 룸도 없이 정말 순수하게 만화책만 있는 특이한 만화 카페였다.

영업시간도 특이했다. 아침 10시에 오픈해서 새벽 2시에 문을 닫았다. 첫차가 다닐 무렵까지 시간을 보낼 수도 없기 때문에 손님들 입장에서는 불친절한 가게였다. 단 1층에서 만드는 소바를 2층의 만화 카페에서도 먹을 수 있어서 묘하게 직장인 단골이 많았다.

시급은 700엔이었지만 카운터에 앉아 있기만 하면 되는 편한 아르바이트였기 때문에 개그맨 사이에서 입소문을 타 여러 명의 개그맨이 일하고 있었다.

*

내가 일하는 시간대는 밤 8시부터 새벽 2시인 야근 타임이었다. 야근의 경우 2시에 손님들을 보내고 난 다음 혼자서 마감 정리를 해야 한다. 내게는 이 시간이 묘하게 무섭게 느껴졌다.

가게의 도로 측면은 거의 전체가 유리창이었고 그 유리창 너머로 맞은편 건물이 보였기 때문이다. 이 건물 2층은 공실이었기 때문에 내부가 엉망진창이었다.

책상은 쓰러져 있고 의자는 거꾸로 놓여진 데다 종이가 사방에 흩어져 있었다. 심야에는 이 공실에서 누군가가 이쪽을 보고 있는 것 같은 느낌이 들었다. 그래서 가능한 한 맞은편 건물을 보지 않도록 주의하며 마감을 했다.

내가 1년 정도 일을 한 후 새로운 야근 아르바이트 직원이 들어오게 됐다. 젊은 여성이었다. 집이 가게 근처이기 때문에 전철이 다니지 않는 심야 근무도 괜찮다고 했다.

마침 업무 내용 인수인계는 내가 담당했다. 마감하는 방법을 가르쳐주는 도중에 그녀가 말했다.

"맞은편 건물이 왠지 기분 나쁘네요."

"맞아. 그래서 나도 보지 않으려고 애쓴다니까."

"안 보는 게 나을 거예요."

"응?"

"저, 가끔 보이거든요."

그 후 그녀는 혼자서 한 번 야근을 한 다음에 아르바이트를 그만뒀다. 그만둔 이유는 말하지 않았다고 한다.

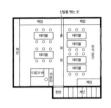

＊

그 후 오래간만에 나가이 역 근처에서 그녀를 만났다.

"그때 아르바이트는 왜 그만둔 거야?"

그녀에게 묻자 미안한 표정을 지으며 대답했다.

"죄송해요, 정말로. 그래도 이유는 말 안 하는 게 나을 것 같아요."

"왜? 오히려 더 듣고 싶은데. 알려줘."

"후회할 텐데요."

그리고 이유를 들었다.

하지만 듣지 않는 편이 나았을 것이다. 그녀가 그만둔 진짜 이유를. 그것은 바로 혼자 가게를 보게 된 첫날에 일어난 일이었다.

영업 중에는 문제없이 업무를 처리했고 아무 일도 일어나지 않았다. 문제는 마감 후에 발생했다. 내가 가르쳐준 대로 정리를 하던 그녀는 맞은편 건물을 절대로 보지 않도록 주의했다.

하지만 나쁜 예감은 적중했다.

가슴이 술렁거렸다.

"술렁술렁… 술렁술렁…."

아니다. 술렁이는 것은 귀였다.

술렁이는 소리가 들렸던 것이다.

이 소리는 틀림없이 맞은편 건물에서 들리는 소리였다. 맞은편 건물에 무언가가 있고 그 소리가 여기까지 들렸던 것이다.

"술렁술렁, 술렁술렁, 술렁술렁…."

소리가 점점 커졌다. 더는 안 된다. 그녀는 더 이상 참을 수 없었다. 이 장소에서 한시라도 빨리 떠나고 싶었다. 만약 무언가가 있다면 차라리 제대로 확인하고 도망치자. 그녀에게는 도망칠 핑계가 필요했다.

그녀는 결심하고 창문으로 시선을 돌렸다. 그리고 바로 후회했다.

창문 너머에는 환자복을 입은 수십 명의 노인들이 이쪽을 보고 있었다.

너무 경악스러운 광경에 그녀의 몸은 굳어버렸다.

역시 맞은편 빌딩은 이상했다. 차라리 보지 말걸. 저런 주상복합 빌딩에 노인들과… 내가… 응?

창문 너머에는 반투명한 노인들이 보였다. 그녀는 그들 사이에 서 있는 자신의 모습을 발견했다.

창문에 자신의 모습이 비친다는 말은 지금 보고 있는 풍경이 창문 너머가 아닌 창문에 반사된 이쪽 모습이라는 말이었다.

즉 창문에 비친 노인들과 그녀가 같은 공간에 있다는 뜻이다. 그들은 맞은편이 아닌 가게 안에 있었던 것이다.

그 사실을 깨달은 순간 그녀는 가게를 뛰쳐나갔다고 한다.

*

참고로 이 만화 카페 바로 근처에는 생활보호대상자인 환자를

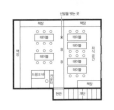

많이 수용하고 직원 수를 부풀린 데다 정치가와 유착해 거액의 부정 청구를 하던 병원이 있었다. 게다가 이 병원은 부실 진료와 의료 과실이 잇따라 희생된 환자가 많았다고 한다.

환자복을 입은 수십 명의 노인들은 그 병원과 어떤 관계가 있는 걸까?

당시 나는 여전히 그 가게에서 아르바이트를 하고 있었다. 그러니 듣지 않는 편이 나을 것이라던 그녀의 말은 사실이었다. 결국 나는 두 달 후에 아르바이트를 그만뒀다.

N맨션

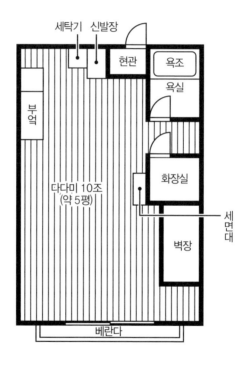

　지금으로부터 10년 전 내가 갓 개그맨이 됐을 무렵 쇼치쿠 예능 양성소는 JR 난비難波 역에 인접한 OCAT라는 상업시설 지하에 있었다.

　갓 데뷔한 젊은 개그맨은 매주 화요일에 양성소에 가서 개그를 선보였고 여기서 합격한 개그맨이 개그 라이브에 출연하는 시스템이었다.

　양성소에 소속된 개그맨들 중에서도 개그 라이브에 자주 출연하는 개그맨과 그렇지 못한 개그맨이 나눠졌다. 당시에 나를 포함해 좀처럼 개그 라이브에 출연하지 못했던 개그맨들은 단골 출연팀이 개그를 선보일 때 '망해라'라던가 '떨어져라' 같은 저주를 마음속으로 퍼부었다.

　어느 날 매번 출연 팀에 뽑히던 선배 개그맨이 양성소에 오지 않았다.

　이날은 젊은 개그맨들 중 라이브에 출연할 팀을 정하는 중요한 모임이었기 때문에 평소 때의 선배라면 절대 빠지지 않았을 상황이었다.

"혹시 출연 팀을 선정하는 날이 오늘이라는 사실을 잊은 건 아닐까?" 하며 어느 개그맨이 전화를 걸었지만 선배는 전화를 받지 않았다.

선배와 친한 개그맨들은 걱정이 됐는지 선배의 집으로 찾아가기로 했다. 그 선배의 집은 양성소에서 걸어서 5분 거리에 있는 맨션이었다. 4층 건물의 109호실. 동료들이 현관까지 가서 인터폰을 눌렀지만 대답이 없었다.

문손잡이를 돌리자 문이 잠겨 있지 않았다.

"이봐, 거기 누구 있어?"

문을 열자 대낮임에도 불구하고 커튼이 닫혀 있어 방 안이 어두웠다. 바닥에는 무나 양배추 같은 야채가 잘게 다져진 채 흩어져 있었고 칼이 굴러다니는 상태였다. 구석에는 초가 나란히 세워져 있고 선배는 집 중앙에 웅크려 앉아 덜덜 떨고 있었다. 너무나 이상한 광경을 마주한 동료들은 눈을 의심했다.

"뭐해! 빨리 개그 보여주러 가야지!!"

누군가가 말을 걸었다.

"안 돼. 무리야. 안 돼. 무리야…."

선배는 그 말을 반복하며 자리에서 움직이려 하지 않았다고 한다.

결국 그 선배 개그맨은 일상적인 대화도 할 수 없는 상태가 되었고, 고향인 야마구치山口 현에서 올라온 가족들이 그를 데리고 돌아갔다.

그 후 빈집이 된 109호에는 다른 개그맨이 살게 됐다. 양성소에

서 가까운 그 맨션은 쇼치쿠 양성소의 젊은 개그맨들 사이에서 인기가 높았던 곳이었다.

얼마 후 또다시 출연 팀을 선정하는 날이 되었는데, 한 개그맨이 오지 않았다. 바로 109호에 사는 개그맨이었다.

이전과 동일하게 동료 몇 명이 집까지 찾아갔다.

문이 열려 있어 들여다 보니 방 안이 어두컴컴했다. 바닥에는 티셔츠나 바지가 찢어진 채로 흐트러져 있었고 가위가 굴러다니고 있었다. 구석에는 초가 나란히 세워져 있었고 역시나 집 중앙에 그 개그맨이 웅크리고 앉아 있었다.

그 역시 고향인 교토京都로 돌아갔고 후에 정신병원에 입원했다는 소식을 들었다.

대체 그 두 개그맨에게 무슨 일이 있었던 걸까?

발견 당시에는 말도 통하지 않는 상태였기 때문에 누구도 자세한 진실은 알 수 없었다.

*

나는 이 이야기를 듣고 그 맨션을 보러 갔다.

N맨션. 지어진 지 50년이 지난 오래된 4층짜리 건물이었다.

현관 자동 잠금장치가 없기 때문에 아무나 맨션 안으로 들어갈 수 있었다.

복도에는 흰색이나 파란색, 노란색으로 선이 그려져 있었고 각 호실까지 이어져 있었다.

각 호실 문에는 외부에서 열 수 있는 신문 투입구와 비슷한 뚜껑이 있었고 이 뚜껑을 열면 집 안을 엿볼 수 있었다.

거주자들은 안에서 이 뚜껑 부분을 천으로 덮어 엿볼 수 없도록 해놓았다.

그리고 이유는 알 수 없지만 1층 각 호실 창문에만 튼튼한 철제 방범창이 부착되어 있었다. 이러한 외관은 마치 갇혀 있는 것 같은 인상을 줬다.

모든 '평범하지 않은' 요소를 종합하면 아마도 이 맨션은 원래 병원이었던 것이 아닐까? 하는 결론에 다다랐다.

109호에서 정신이 붕괴된 두 개그맨. 그들은 대체 무엇을 봤을까? 그리고 이 장소에는 원래 무엇이 있었던 것일까? 안타깝지만 이 모든 것은 당사자가 아니라면 알 수 없다.

사실 애초에 이 맨션에는 내가 살 예정이었다. 하지만 왠지 모르지만 심사과정에서 문제가 생겨 입주하지 못했다. 이유를 물었지만 대답해주지 않았다. 만약 입주했었다면 여기가 내 첫 번째 사고 부동산이 됐을 텐데 말이다….

제2장

누군가의 사고 부동산

이가와 씨의 방

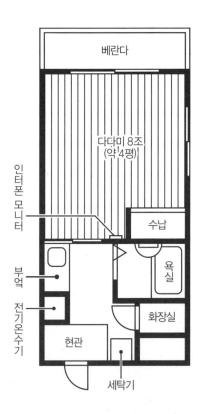

베란다

다다미 8조
(약 4평)

수납

욕실

인터폰 모니터

부엌

전기온수기

화장실

현관

세탁기

이가와井川 씨는 가가와香川 현에 위치한 라이브 하우스의 점장이다.

한번은 이벤트가 끝난 후 집에 돌아가지 못한 나를 그의 집에서 재워준 일이 있었다.

이가와 씨의 집은 1K 다다미 8조(약 4평)이고 집세는 수도세와 전기세를 포함해 3만 엔이다. 맨션은 다카마쓰高松 시의 번화가를 지나면 바로 보이는 곳에 있다. 지방 도시라고는 해도 집세가 정말 저렴한 집이었다.

집은 4층에 있고 엘리베이터가 없기 때문에 계단으로 올라가야 했다. 계단에는 불이 켜져 있지만 복도와 층계참에는 조명이 없었다.

집 안은 물건이 적어 휑했고 거의 집에 들어오지 않는 듯했다. 일단 질문부터 했다.

"이 집은 사고 부동산이거나 그런 건 아니죠?"

이가와 씨는 움찔한 후 이렇게 대답했다.

"사고 부동산은 아닌 것 같은데 전에 살던 분이 야반도주를 했다고 하더라고요. 짐도 전부 그대로 두고."

야반도주의 이유는 알 수 없다고 했다.

*

2년이 지난 후 이가와 씨는 다른 곳으로 이사를 했다. 직장에서 더 가까운 곳이고 1K 다다미 8조(약 4평)에 수도세를 포함한 집세가 3만 3천 엔이니 여전히 저렴한 가격이었다.

입주 후 반년이 지났을 무렵 근처에 사는 친구가 이렇게 말했다.

"거기 사고 부동산 건물이죠?"

이가와 씨가 살고 있는 집이 사고 부동산이라는 이야기는 아니었다. 그의 집은 가장 높은 7층이었는데 5층에 사고 부동산이 있다고 했다. 얼마 전 노인이 고독사 했다고 한다.

연말연시에 고향에 갔던 이가와 씨는 새해를 가족과 함께 맞이하고 3일이 지나 집으로 돌아왔다. 집에 들어오자 현관 인터폰에 빨간 램프가 깜빡이고 있었다.

이가와 씨 집의 인터폰은 방문자가 카메라에 찍히고 인터폰을 누른 순간 녹화하는 기능이 있다. 점멸하는 램프는 집을 비운 사이에 누군가가 인터폰을 눌렀고 영상이 녹화됐다는 신호였다. 남겨진 영상을 보니 31일 밤부터 1월 1일 아침에 걸쳐 녹화된 것이었다. 영상에는 본 적이 없는 노인의 모습이 녹화되어 있었다.

머리는 스킨헤드였고 검은 트레이닝 복을 입고 있었다. 그리고 눈이 새까맸다.

이웃 중에도 이런 사람은 없었다. 근처에 자주 가는 식당 주인에게 영상을 보여줬다.

"스킨헤드에 이렇게 생긴 사람을 알고 있어."

점주가 알고 있다는 사람을 가르쳐줬지만 직접 만나보니 전혀 다른 사람이었다.

나중에 깨달은 점이지만 이가와 씨 집만 일반 자물쇠보다 단단한 조합식 자물쇠가 설치되어 있었다고 한다. 게다가 카메라가 달린 인터폰도 이가와 씨 집에만 설치되어 있었다. 이유는 알 수 없었다.

"또 놀러 오세요."

사연을 이야기한 이가와 씨는 친절하게 이렇게 말했다.

12월 31일 밤 인터폰에 남겨진 노인의 영상

세키 씨의 집

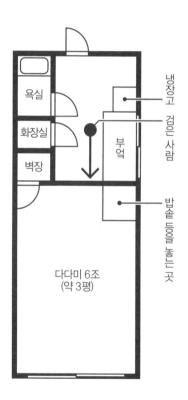

욕실

화장실

벽장

부엌

냉장고

검은 사람

밥솥 등을 놓는 곳

다다미 6조
(약 3평)

세키 씨는 내가 고치高知에 갈 때마다 항상 재워주는 친절한 분이다.

세키 씨의 집은 매우 길다. 그런데 부엌 근처 침실에서 자고 있으면 밤에 부엌 창문을 열고 검은 사람이 천천히 들어온다고 했다. 천천히 다가오는 도중에 불을 켜면 사라지고, 불을 끄면 다시 천천히 다가온다고 했다.

세키 씨 집에서 머물렀을 때 불을 켜지 않고 그대로 있으면 어떻게 되는지 시험해보고 싶었다. 하지만 안타깝게도 내가 잔 날 밤에는 검은 사람이 나타나지 않았다.

*

세키 씨는 그 후 이 검은 사람이 너무 싫어서 다른 집으로 이사했다. 하지만 이사를 한 집에서도 유령이 나타났다.

새 집은 연립주택 형태의 목조 빌라였고 건물 옆에는 사용하지 않는 밭이 있었다.

"척, 척, 척."

밤이 되면 그 밭에서 걷는 소리가 들렸다.

"척, 척, 척."

계속 빙빙 돌면서 걷는 소리가 들린다고 했다.

이 이야기를 들은 나는 세키 씨의 집에서 밤을 보냈지만 그날도 역시 소리가 들리지 않았다.

히메다루마의 집

인형들   히메다루마

불단

토미 씨의 방

현관

거실

부엌

욕실

밖에서 보면
사람 그림자가 보이는 창문

안에서 보면
사람 그림자가
보이는 창문

토미 씨는 어릴 때부터 집안 사정으로 이사를 자주 다닌 덕분에 사가佐賀 현의 다양한 기묘한 집에서 생활했다고 한다. 그중에서도 초등학교 입학 전에 살았던 집에 대한 기억은 지금도 강렬하게 남아 있다고 한다. 불과 3개월밖에 살지 않았음에도 불구하고 말이다.

*

토미 씨가 여섯 살 때 부모님이 이혼했다. 어머니와 함께 살게 된 토미 씨와 여동생은 이사를 갈 수밖에 없었다.

경제적으로 넉넉하지 못한 가운데 어머니가 발견한 곳은 사가 현의 한 군郡에 속한 오래된 주택이었다. 대략적인 이미지는 사자에상サザエさん*에 나오는 집 정도의 크기였다고 한다.

이렇게 좋은 집에 집세는 겨우 3만 엔이었으니 30년 전의 시골

---

* 일본의 국민 애니메이션으로 가족 2대가 한 집에 산다.

이라고 해도 파격적인 가격이다. 후에 할머니도 이사를 와서 어머니, 할머니, 토미 씨, 여동생 네 명이 함께 생활하게 됐다.

토미 씨가 자는 방은 천장 구석에 네모난 구멍이 뚫려 있었다고 한다. 구멍 안쪽은 깜깜해서 아무것도 보이지 않았다. 아무래도 구멍 너머에 공간이 있는 것 같았다.

토미 씨는 자신의 방에 들어가는 것을 싫어했다. 왜냐하면 그 천장 구멍 너머에서 소리가 들렸기 때문이다. 천장에서는 누군가가 걷는 소리도 들렸다. 확실히 이 방 위에는 무언가가 있었다.

어느 날 밤 결정적인 사건이 일어났다. 깜깜한 어둠 속에서 토미 씨는 눈을 떴다. 그때 천장의 구멍 너머에서 이쪽을 바라보는 얼굴이 어슴푸레 보였다. 셋, 아니 네 명의 얼굴이…. 그 후부터 토미 씨는 자기 방에 들어갈 수 없었다고 한다.

당시에는 어렸기 때문에 몰랐지만 지금 생각해보면 그 집은 이층집이었다. 토미 씨 방의 천장 구멍은 2층으로 이어졌고 아마도 그 밑에는 계단이 있었을 것이다. 무슨 이유 때문에 계단을 치웠는지는 알 수 없지만.

토미 씨는 목욕하는 것도 싫어했다. 밖에서 아무도 없는 욕실 창문을 보면 불투명한 유리 너머로 사람 그림자가 보였다고 한다. 반대로 욕실 안에서는 창문 너머로 이쪽을 보는 의문의 그림자가 보였다.

*

가장 인상 깊었던 사건은 가족들이 모두 외출한 날에 일어났다.

집에 돌아오니 아무도 없는 위패를 모셔놓은 방에서 속닥거리는 소리가 들렸다. 안에 들어가자 할머니가 모으던 하카타 인형博多人形*과 이치마츠 인형, 그리고 여동생의 제니 인형 등 집 안의 모든 인형들이 히메다루마姫だるま**를 중심으로 마치 회의를 하는 것처럼 원을 그리듯 모여 있었다.

"안 돼!"

이 광경을 본 할머니는 무서운 얼굴로 인형을 정리했다고 한다.

그 사건 때문인지 토미 씨 가족은 세 달을 미처 채우지 못하고 그 집에서 이사했다고 한다.

*

어른이 된 후 토미 씨가 그날 있었던 일을 어머니에게 물었는데 그 후 인형들을 근처 절에 가져가 공양했다고 말했다. 이때 원 중심에 있던 히메다루마 속에서 유골이 나왔다고 한다.

히메다루마는 이키노시마壱岐島에 사는 할머니의 여동생인 외가

---

* 하카타 지역의 전통 점토 인형.
** 공주 모양을 한 일본 전통 오뚝이 인형.

쪽 작은 할머니가 어머니에게 신혼 선물로 보낸 물건이라고 했다. 안에 든 유골은 친척이 유산한 아기의 유골이었다.

이키壱岐나 쓰시마対馬 지역의 독특한 풍습일까? 히메다루마 속에 유산한 아기의 유골을 넣는 것은 무엇을 의미하는 것일까? 알 수 없다.

참고로 히메다루마란 여성의 모습을 본 딴 다루마だるま* 모양의 전통 공예품으로 에히메愛媛 현의 히메다루마가 대표적이다.

에히메의 히메다루마는 일본 최초의 여제로 알려진 진구神功 황후가 도고道後 온천에서 회임한 것을 기념하며 봉헌하기 위해 만든 것에서 유래했다고 한다. 대부분은 두 개의 인형이 한 쌍을 이루며 붉은 옷을 입고 풍만한 모양을 한 다루마가 진구 황후가 회임한 모습을 나타낸 '히메다루마'이다. 전쟁에 나가는 남장한 진구 황후를 나타내는 것이 히메다루마와 쌍을 이루는 '니시키다루마錦だるま'다.

이후 다루마는 오랫동안 아이의 성장과 행복을 기원하는 서민의 장난감으로 사용됐다. 또한 결혼 축하나 신축 축하 혹은 생일이나 명절 등 경사스러운 날마다 다루마를 보냈기 때문에 일본에서는 복을 가져다주는 물건으로 생각하고 귀중하게 여긴다.

---

* 오뚝이 모양의 일본 전통 장난감.

호리에 신사

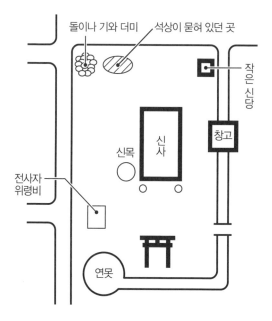

초등학생 시절 토미 씨는 집 근처의 호리에堀江 신사 뒤편에서 여동생과 놀고 있었다. 그때 땅에 묻힌 고마이누狛犬*와 비슷한 작은 석상을 발견했다.

토미 씨는 여동생과 이 석상을 파내고는 '강아지의 신'이라고 부르며 신사 구내 끝자락에 멋대로 제단을 만들고 근처에 핀 들꽃을 장식하고 놀았다.

그날 밤 토미 씨는 부엌에서 부스럭거리는 소리에 눈을 뜨고 조심스레 부엌으로 다가갔다.

'도둑인가?'

그가 본 것은 냉장고를 뒤져 생고기를 뜯어먹고 있던 여동생이었다.

토미 씨는 바로 어머니를 깨웠고 둘이서 여동생을 붙잡아 억지로 재웠다. 여동생은 다음 날 아침 평소와 똑같은 모습으로 일어났

---

* 신사나 절 앞에 있는 사자와 비슷하게 조각된 석상.

다. 지난 밤 생고기를 먹었던 사실은 전혀 기억하지 못했다.

그날 밤 여동생은 평소와 같이 잠이 들었다.

하지만 잠이 들자마자 돌변했다. 갑자기 이불에서 뛰쳐나와 네 발로 기어서 냉장고를 향하는 것이었다. 그리고 또 생고기를 뜯어 먹으려는 것을 토미 씨가 말렸다.

그 후 이삼일 동안 밤에 잠이 든 여동생이 냉장고를 뒤지는 현상 이 계속됐다.

규슈九州 지방에는 방랑하며 의뢰를 받는 떠돌이 퇴마사가 있다. 어쩌면 좋을지 가족이 고민하고 있을 때 우연히도 집 앞에 퇴마사 가 나타났다.

어머니는 퇴마사에게 딸에 대해 상담했다. 그러자 그는 이렇게 말했다.

"뒷문에 밥과 차를 가득 채운 대접을 열흘 동안 바치시오."

이것은 아귀를 쫓는 의식에 자주 쓰이는 방법이었다.

어머니는 퇴마사의 말대로 집 뒷문에 흰 쌀밥 한 그릇과 대접에 담은 차를 바쳤다. 하지만 여동생이 밤마다 돌변하는 상황은 나아 지지 않았다.

이윽고 열흘이 지난 날 밤. 여동생은 조용히 잠이 들었다.

그 후부터 여동생이 생고기를 뜯어먹는 일은 없었다고 한다.

대가 끊긴 집

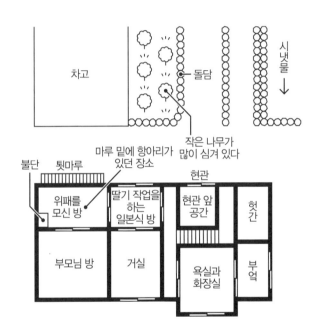

차고

돌담

시냇물 ↓

작은 나무가
많이 심겨 있다

마루 밑에 항아리가
있던 장소

불단   툇마루   현관

위패를
모신 방

딸기 작업을
하는
일본식 방

현관 앞
공간

헛간

부모님 방

거실

욕실과
화장실

부엌

　집안 사정으로 인해 사가 현에서 계속 이사를 다니던 토미 씨가 고등학교를 졸업했을 무렵 어머니가 재혼했다. 의붓아버지가 된 어머니의 재혼 상대 집안은 건설업에 종사하고 있었다. 토미 씨 가족은 자재 창고를 관리하기 위해 의붓아버지가 사는 지역으로 이사를 하게 됐다.

　그곳은 산기슭에 집이 드문드문 있는 시골의 한 마을이었다.

　낮은 산 중턱에 의붓아버지의 아버지(토미 씨의 의붓할아버지)가 사는 본가가 있었고 그로부터 두 집 건너에 빈집이 있었다. 그곳이 토미 씨가 살 새 집이었다.

　지방 마을에 가면 주민들의 성씨가 모두 같은 경우가 있다. 원래 다른 지역과 교류가 적은 마을 사회에서는 선조를 거슬러 올라가면 같은 핏줄인 경우가 많다. 즉 이웃들은 서로 멀든 가깝든 친족 관계인 것이다. 토미 씨가 이사 온 이 지역도 두 가지 성씨 밖에 없었다. 그중 하나가 의붓아버지의 성 씨 '나가토미長富'였다. 다른 성씨는 나중에 이 지역에 정착한 일족의 성씨라고 했다.

*

토미 씨가 이사 왔을 당시에도 이미 농촌 지역의 과소화過疎化 추세는 상당히 진행된 상태였고 빈집인 곳이 많았다.

앞으로 살게 될 집은 명패에 '나가토미'라고 적혀 있었다. 원래 의붓아버지의 먼 친척이 살았던 집인 것 같았다. 현존하는 나가토미 집안은 의붓아버지의 아버지(의붓할아버지)와 의붓아버지의 형(의붓삼촌) 집안뿐이다.

참고로 토미 씨의 '토미'는 '나가토미'의 '토미'에서 유래한 애칭이다.

새로운 집은 매우 좋은 주택이었지만 집이 비어 있던 기간이 길어서 그런지 손질이 필요했다. 현관에는 작은 돌담이 있었고 작은 나무가 많이 심겨져 있었다. 의붓아버지는 그곳에 작업용 차량을 위한 주차장을 만들 생각으로 돌담을 없애고 나무를 뽑았다. 토미 씨도 이 작업을 도왔는데 기묘하게도 뽑은 나무뿌리에는 긴 머리카락이 엄청나게 엉켜 있었다.

처음에는 실이나 뿌리가 얇은 섬유질 형태의 나무라고 생각했지만 자세히 보니 명백히 사람의 까만 머리카락이었다. 욕실 배수구를 청소할 때 나오는 긴 여자 머리카락과 똑같았다. 더욱 자세히 보니 모근까지 붙어 있었다. 마치 쥐어뜯은 것 같은 머리카락 뭉치였다. 더 놀라운 것은 대부분의 나무뿌리에 이 머리카락이 엉켜 있었다는 점이다.

　새로운 생활은 순조로웠다. 의붓아버지의 일은 안정적이었고 같이 이사 온 어머니도 할머니도 여동생도 차츰 이곳에 적응했다.

　하지만 1년이 채 지나지 않을 무렵 자택에 위패를 모시는 방에서 의붓아버지가 다량의 피를 토했다. 바로 병원으로 이송됐지만 그는 돌아오지 못했다. 갑작스러운 죽음이었다.

　사인은 심장발작으로 밝혀졌다. 하지만 묘하게도 각혈의 원인은 의사도 알 수 없었다고 한다.

　의붓아버지의 죽음으로 인해 수입원을 잃은 토미 씨 일가는 다시 이사를 할 수밖에 없었다.

　이사를 하며 필요 없는 가구나 골동품을 정리하기 위해 고물상을 불렀다. 이때 호기심이 생긴 토미 씨는 툇마루 아래의 마룻바닥을 들여다봤다. 그러자 한 번도 본적이 없는 항아리가 눈에 들어왔다. 위패가 있는 방 중심부 근처였다. 그 위치는 의붓아버지가 피를 토했던 다다미 바로 아래였다.

　토미 씨는 혈흔이 남아 있는 다다미를 벗겨내고 그 아래에 있는 판자를 뒤집어 항아리를 꺼냈다.

　항아리 속에는 흰 가루와 파편이 담겨 있었다.

　누군가의 뼈였다.

*

마루 밑에 유골함이 묻혀 있는 집은 저주를 받은 집일 가능성이 높다고 한다. 예를 들어 원망하는 집안의 대를 끊고 싶은 여성이 사용하는 주술 중에 죽은 아이의 뼈를 항아리에 담아 마루 밑에 숨기는 방법이 있다. 그 항아리에는 유산된 아이나 일찍 죽은 아이의 영이 모인다고 한다. 그렇게 모인 아이들의 영은 집안의 자손이 번영하는 것을 방해하고 일족의 대를 끊어버린다고 알려져 있다. 그 외에도 자신의 아이가 인신공양의 제물로 희생된 부모가 그 뼈를 모아 유골함에 담고 이를 마루 밑에 숨겨서 복수하는 저주도 있다고 한다.

생각해보면 토미 씨 집의 정원수에 묻혀 있던 머리카락도 사람이 자주 넘어 다니거나 밟는 장소에 사람의 머리카락을 묻으면 염이 모여 재앙이 일어난다는 주술과 관계가 있었는지도 모른다.

마루 밑의 유골함, 현관의 머리카락…. 토미 씨가 살던 집에 모종의 저주가 걸려 있던 것이 확실한 것 같다.

*

재앙은 그 후에도 이어졌다. 2년 후에는 의붓할아버지가 심장발작으로 사망했다. 3년 후에는 의붓삼촌이 심장발작으로 사망했다. 의붓아버지의 혈연은 아버지와 형 두 사람뿐이었다. 의붓할아버지

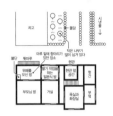

와 의붓삼촌 집안의 마루 밑에도 유골함이 있었는지는 알 수 없다.

독신이던 의붓삼촌에게는 자식이 없었다. 즉 의붓아버지의 가계인 나가토미 가문의 핏줄은 의붓삼촌의 죽음을 마지막으로 완전히 끊어진 것이었다.

서바이벌 게임

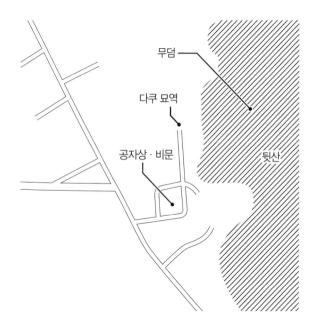

무덤

다쿠 묘역

공자상 · 비문

뒷산

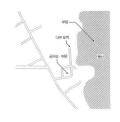

　토미 씨의 취미는 서바이벌 게임이다. 서바이벌 게임은 주로 에어소프트건을 사용해서 서로를 쏘는 소위 어른들의 전쟁놀이다.

　방법은 필드라 불리는 전투 영역 내에서 적과 아군 두 팀으로 나눠 양쪽 진영에 있는 적의 깃발을 빼앗는 것이 가장 일반적이며 땅따먹기와도 비슷하다고 할 수 있다.

　적과 조우했을 때는 에어소프트건을 서로 발사하고 총알을 맞은 플레이어는 해당 사실을 밝히고 전선에서 이탈한다. 깃발을 빼앗거나 플레이어를 전멸시킨 팀이 우승한다.

*

　서바이벌 게임을 하는 장소는 대부분 산속이나 폐허다. 물론 인적이 드문 산속이나 폐허는 대부분 심령 스폿인 경우가 많다는 사실은 더 말할 것도 없다.

　그렇기 때문에 게임 도중에 귀신을 만나는 경우도 적지 않다고 한다. 서바이벌 게임은 좋아하지만 귀신은 싫어하는 사람을 위해 귀신 퇴치용으로 개발된 BB탄(에어건용 탄환)이 있을 정도다. 그 이름도 '밀교원념탄密教怨念弾'이다. 정식명칭은 '밀교원념 범자문양 무적 나우맥시멈탄'이며 탄환에는 산스크리트어가 적혀 있다.

개발자는 장난으로 만들었겠지만 그만큼 서바이벌 게임을 할 때 귀신이 단골손님으로 등장하는 경우가 많은 모양이다.

사가佐賀 현에는 일본에서 세 번째로 오래된 공자의 사당인 다쿠多久 묘역이 있다. 그 뒷산에는 사람이 들어가는 일이 거의 없기 때문에 토미 씨와 친구들은 그 곳을 서바이벌 게임 장소로 자주 사용했다.

그러던 어느 날 게임이 중반에 다다랐을 무렵 단독 행동을 하던 토미 씨의 등 뒤에서 목소리가 들렸다.

"이놈!"

돌아보자 휠체어를 탄 할아버지가 무시무시한 기세로 호통을 치고 있었다.

"이런 곳에 들어와서 엉망으로 만들어 놓다니!"

토미 씨는 사과하며 친구들에게 긴급 사태 신호를 보냈다. 게임은 중단됐고 흩어졌던 동료들이 한 곳에 모였다.

그리고 다시 모두가 휠체어를 탄 할아버지가 있던 곳에 돌아갔더니… 그곳은 무덤 앞이었다.

잘 생각해보니 사람이 없는 산속에 할아버지 혼자 휠체어를 타고 올 수 있을 리가 없다. 토미 씨가 본 할아버지는 무덤 속에 잠든 분이었을지도 모른다.

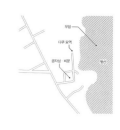

　토미 씨와 동료들은 산을 내려가 다른 곳에서 게임을 진행하기로 했다. 다음으로 향한 곳은 K호텔이라는 폐허였다.

　지금은 이미 철거됐지만 이 호텔은 결혼식장을 겸한 5층 건물이었다. 병원 같은 간소한 외관 덕분에 슬쩍 봐서는 폐허라는 것을 눈치 챌 수 없었지만, 이전에 두 번이나 화재가 발생했고 그 후부터 폐허로 방치됐다고 한다.

　물론 그런 탓에 기묘한 소문도 끊이지 않았다. 웅크려 앉은 귀신이 나온다거나 몇 번을 닫아도 멋대로 문이 열리는 방이 있다거나….

　토미 씨는 2층 계단에서 상대 팀 중 한 명과 교전을 치렀다. 겨우 상대방을 맞춰 전선에서 이탈시킨 후 3층으로 올라갔다. 3층에는 결혼식장이 있었고 신랑신부 대기실이나 가족 대기실도 줄지어 있었다. 토미 씨는 어디서 나타날지 모르는 적의 인기척에 신경을 쓰며 조심스럽게 복도를 걸어갔다.

　그러자 '신부 대기실'이라고 적힌 반쯤 열린 문 너머로 무언가가 소리 없이 흔들리고 있었다.

　"누구냐?!"

　토미 씨는 순간적으로 에어건을 들었다. 하지만 눈앞에 나타난 것은 사람이 아니었다. 둥실둥실 공중을 떠다니는 웨이트리스의 옷이었다. 너무나 두려웠던 나머지 토미 씨는 에어건을 마구 쏴댔

다. 토미 씨가 쏜 BB탄은 웨이트리스 옷에 명중했고 지면으로 풀
썩 떨어졌다. 그것은 환상도 귀신도 아닌 그저 웨이트리스가 입던
옷이었다.

고하마의 연립주택 ①

1층

- 화장실
- 욕실
- 세면대
- 수납
- 계단
- 전화기
- 현관
- 정원 — 묘비
- 다다미 6조 (약 3평)
- 수납
- 냉장고
- 부엌

2층

- 벽장
- 벽장
- 다다미 7조 (약 3.5평)
- 수납
- 다다미 8조 (약 4평)
- 도코노마
- 가미다나*

＊神棚: 신을 모셔놓은 선반.

젊은 개그맨들은 오사카 미나미의 술집 거리에 있는 도시락과 주먹밥을 배달하는 가게에서 번갈아가며 아르바이트를 한다. 이 가게는 점장님과 점장님 동생 두 명이 운영하는 곳이다.

점장님과 동생은 오사카의 고하마粉浜 출신이다. 고하마는 〈게게게의 기타로〉 작가인 미즈키 시게루水木しげる 선생님이 태어난 곳이기도 하다.

유서 깊은 지역인 고하마에는 난카이혼센南海本線 고하마 역부터 일본 전국에 있는 스미요시住吉 신사의 총본산인 스미요시 대사가 있는 역까지 역 한 구간에 걸친 고하마 상점가가 있다. 이 상점가는 메이지 시대부터 100년의 역사를 이어오고 있다. 이보다 더 거슬러 올라가면 만요슈万葉集에도 고하마라는 지명이 등장한다.

과거에는 바다에 인접한 지역이었기 때문에 '고하마木浜'*라 불렸다고 한다. 스미요시 대사의 신사를 재건축할 때 사용할 목재를 보

---

* 나무를 의미하는 木자를 사용했다.

관하는 해변이었기 때문이다. 또한 이 부근은 염색에 사용하는 황
토가 유명했고 황토가루를 채취할 수 있었기 때문에 '고하마粉浜'**
가 됐다는 설도 있다. 어쨌거나 긴 역사가 느껴지는 지역이다.

*

아직 점장님 동생이 고향에 있었을 무렵, 떨어져 살던 할머니의
다리 상태가 악화돼 도움이 필요한 상황이 됐다. 하지만 고향집은
좁았기 때문에 고하마에서 할머니가 혼자 살 수 있는 집을 찾아야
했다.

이른 살이 넘은 할머니의 입주를 허가해주는 곳은 좀처럼 나타
나지 않았다. 몇 곳에서 거절을 당한 후 고향집에서 그리 멀지 않
은 곳에 자리한 40~50년 된 낡은 2층 연립주택을 발견했다.

1층은 깨끗하게 리모델링을 마쳤지만 2층은 먼지투성이인데다
상당히 지저분했다. 탁하게 고인 공기가 맴도는 2층에서 점장님의
동생은 엄청난 무언가를 발견하고 말았다.

바로 전에 거주하던 사람이 설치한 것으로 보이는 거대한 가미
다나神棚***였다. 그리고 엄청난 숫자의 부적이 그 가미다나를 뒤덮듯
이 붙어 있었다.

** 가루를 의미하는 粉자를 사용했다.
*** 신을 모셔놓은 선반.

너무나 이상한 광경이었기 때문에 집주인에게 물어보자 전에 살던 사람이 놓고 간 것이라는 답변이 돌아왔다. 리모델링 업자가 이 가미다나를 철거하려다가 계단에서 떨어져 골절상을 입고 돌아가는 길에 사고를 당한 후 더 이상 철거를 진행할 수 없다고 해서 그대로 방치했다고 했다.

그리고 또 한 가지 마음에 걸리는 점이 있었다.

1층은 깨끗했지만 세로로 긴 구조였던 집 안쪽 정원 가운데에 마치 묘비 혹은 비석처럼 보이는 돌이 묻혀 있었다. 집주인은 오래전부터 이 상태였기 때문에 자세한 사항은 알 수 없다고 했다.

분명히 뭔가 사연이 있는 것 같았지만 다른 집을 찾기는 어려워 보였다.

다리가 불편한 할머니가 2층에 올라갈 일은 없었기 때문에 가격도 싸고 1층이 리모델링된 상태면 충분하다는 생각으로 이 집에 살기로 했다.

*

이 집에 입주하자마자 할머니는 이상 증세를 호소하기 시작했다. 냉장고와 수납공간 사이 벽에서 바람이 들어와 춥다고 하시는가 하면, 2층에서 비가 샌다거나, 옆집 사람이 집에 들어와서 계속 욕을 한다고 호소하는 일이 많아졌다.

냉장고와 수납공간 사이에서 바람이 들어올 일은 없었다. 물론 2

층에서 비가 새지도 않았고 옆집에는 아무도 살지 않았다.

다만 이러한 할머니의 호소가 치매로 인한 증상인지는 가족들이 판단하기 어려웠다. 할머니가 호소한 현상을 제외하면 다른 대화는 지극히 정상이었고 치매에 걸린 것으로도 보이지 않았기 때문이다.

할머니는 이윽고 냉장고와 수납공간을 박스테이프로 둘둘 감아 막고 조금 떨어진 부엌에서 주무시기 시작했다. 게다가 비가 새서 전화기가 젖으면 안 된다며 전화기에는 비닐을 씌우고 생활하셨다.

보다 못한 어머니는 알고 지내던 점쟁이를 할머니 집에 불렀다. 점쟁이는 정원의 묘비가 원흉이라고 했다. 어쨌거나 절대로 저 돌을 만져서는 안 된다고 했고, 할머니가 매일 아침 불경을 외는 것도 좋지 않다고 했다. 불경을 읽으면 귀신이 더 모인다고 했다.

할머니는 이 집에서 떠나고 싶다며 계속 호소했고 결국 거처를 옮긴 시설에서 숨을 거뒀다. 시설에서는 기묘한 언행을 전혀 하지 않으셨다고 한다.

할머니가 이사한 후 집을 청소하던 가족은 냉장고 옆에 있던 수납공간에서 부적을 발견했다. 아마 1층도 리모델링 전에는 부적이 몇 군데에 붙어 있었을 것이다.

고하마는 오래된 동네다. 이 집에서 벌어졌던 원인을 규명할 수 없는 현상은 집터와 관련이 있을지도 모른다.

고하마의 연립주택 ②

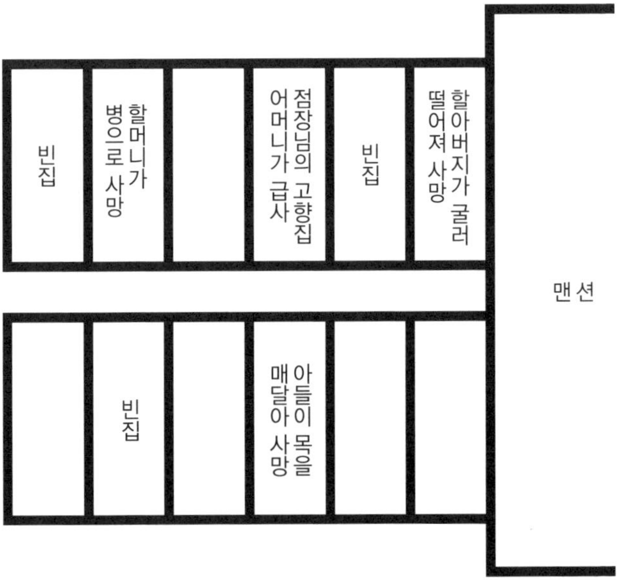

빈집

할머니가 병으로 사망

점장님의 고향집 어머니가 급사

빈집

할아버지가 굴러 떨어져 사망

맨션

빈집

아들이 목을 매달아 사망

고하마에는 아직 다른 이야기가 남아 있다. 주먹밥집 점장님의
고향은 원래 고하마다.

할머니가 부적이 붙은 연립주택으로 이사했을 무렵에 근처에 있
던 파격적으로 저렴한 연립주택을 찾아서 점장님 가족들 모두 그
곳으로 이사를 가기로 했다.

새로운 집은 주택이 밀집된 상점가 근처의 복잡한 골목에 있었
다. ㄷ자 형태로 연립주택이 줄지어 있었고 차 한 대조차 들어가기
힘들 정도로 좁은 막다른 골목에 있는 집이었다.

이사한 지 얼마 지나지 않아 맞은편 집에서 자살 사건이 일어났
다. 아버지와 아들이 둘이 살던 연립주택 2층에서 아들이 목을 매
달았다. 그 후로 잠시 아버지가 혼자 살았지만 한 달 정도 만에 빈
집이 됐다.

어느 날 그 집 옆에 살던 부인이 사정을 얘기해줬다.

"그 집 아버지가 매일 밤 2층에서 아들이 내려와서 무섭다고 했
어. 그래서 이 집에서 못살겠다고 나가버렸지."

아들이 스스로 목숨을 끊어 엄청나게 침울할 줄 알았는데 사실

아버지는 아들의 귀신을 두려워하고 있었다.

"이사해봤자 아들 귀신은 아버지를 따라갈 텐데 말이야."

옆집 부인은 냉정한 표정으로 그렇게 말했다.

얼마 지나지 않아 그 집에는 다른 사람이 입주했다. 계약 내용은 알 수 없지만 아마 집세는 더 내려갔을 것이다. 젊은 신혼부부가 그 집에서 살기 시작했다.

하지만 그 부부도 한 달을 채우지 못하고 이사를 갔다. 옆집 부인이 또 이야기했다.

"그 젊은 부부가 이사 나가기 전에 그랬어. 2층에서 매일 누군가 내려온다고. 아들이 아직 집에 남아 있나 봐."

얼마 후 또 다른 가족이 그곳에 입주했다. 아이가 둘 있는 지극히 평범한 가족이었다. 이번에는 일주일도 채우지 못하고 이사를 갔다. 옆집 부인이 말했다.

"그 가족도 어느새 사라졌더라고. 또 아들이 나온 게 아닌가 싶어."

그 후에는 한동안 입주자가 없었다고 한다.

*

사실 나는 이 부동산을 한번 보러 간 적이 있다.

세 번째로 입주할 사고 부동산을 찾던 중에 점장님으로부터 "확실히 귀신이 나오는 집이 있다"는 얘기를 듣고 만약 조건이 맞으면

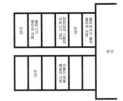

입주할 생각이었다.

근처의 작은 부동산을 방문하자 그 집을 찾을 수 있었다. 집세 7만 엔에 보증금과 사례금을 합쳐서 20만 엔이고, 2년 계약이라는 조건이었다. 생각보다 비쌌다. 두 번이나 거주자가 거쳐 갔기 때문에 더 이상 사고 부동산이 아니라고 생각해서 그런 걸까? 아쉽게도 이런 조건은 아직 수입이 적은 젊은 개그맨에게는 부담스러웠고, 결국 경제적인 사정 때문에 포기할 수밖에 없었다.

그건 그렇고 2년 계약이라는 조건에 따르면 사고 부동산이라 하더라도 퇴거하면 위약금이 발생할 텐데, 퇴거한 신혼부부와 가족은 그 위약금을 내고서라도 이 집을 떠나고 싶었던 것 같다.

*

기묘한 사건은 이 뿐만이 아니었다.

맞은편 집에서 자살 사건이 발생한 것과 거의 같은 시기에 그로부터 두 집 건너 집의 할아버지가 2층 계단에서 떨어져서 사망했다.

그리고 점장님의 어머니에게서 암이 발견됐다. 어머니는 평소에 건강을 엄청나게 챙기던 분이었다. 다양한 민간요법을 실천해서서 나이에 비해 매우 건강했다고 한다. 그런데 이 집에 이사한 후 얼마 지나지 않아 건강이 나빠졌다. 검사 결과 암이 온몸에 전이된 상태였다. 그로부터 2년이 채 지나지 않아 점장님의 어머니는 세상을 떠났다. 그리고 2주 후에 두 집 건너 집에 살던 아주머니도 반려견과 함께 의문의 죽음을 맞이했다.

어머니가 투병하는 동안 점장님의 고향집에서는 설명할 수 없는 기이한 현상이 발생했다. 어머니 방에 있는 인형 모양의 알람시계가 건전지가 들어 있지 않은데도 갑자기 소리를 냈다고 한다. 그러자 어머니는 두려워하는 기색도 없이 냉정하게 "유령은 있다"라고 말하셨다고 한다.

그리고 위독한 순간 어머니는 아들들에게 먼저 돌아가신 아버지의 불단을 대대로 공양하도록 부탁했다. 형제는 어머니가 소중히 여기던 불단을 확인했지만 아버지의 위패를 찾을 수 없었다. 매일 공양을 드렸기 때문에 없어질 리가 없다고 어머니는 말했지만 결국 아버지의 위패는 찾을 수 없었다.

이 모든 일은 점장님 가족이 고하마에 살기 시작한 후 2년 동안에 일어났다.

돗자리 집

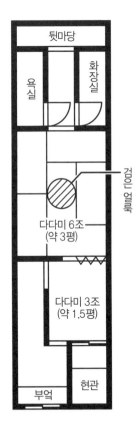

뒷마당

욕실

화장실

검은 얼룩

다다미 6조
(약 3평)

다다미 3조
(약 1.5평)

부엌

현관

사고 부동산에 살면 사고 부동산에 사는 사람이 말을 건다.

노즈能津 씨가 그랬다.

"지금까지 제가 산 집이 세 번 연속 사고 부동산이었어요."

물론 그는 내게 그 집들에 관해 이야기해줬다.

*

첫 번째는 노즈 씨가 10년 정도 전에 살았던 집이었다.

교토의 대학에 다닐 무렵 노즈 씨는 캠퍼스에서 가까운 곳에 있는 60년 정도 된 목조건물에서 살았다고 한다. 1층짜리 목조 연립주택으로 앞쪽이 다다미 3조(약 1.5평)였고 안쪽에는 다다미 6조(약 3평)인 일본식 방이 있었다. 집세는 3만 엔. 같은 연립주택 내의 다른 집은 집세가 3만 5천 엔이었지만 노즈 씨의 집은 3만 엔으로 5천 엔이 더 저렴했다. 이 사실은 나중에 알았다고 한다.

집을 보러 갔을 때는 특별히 눈에 띄지 않았지만 실제로 살기 시작한 후 아무래도 눈에 띄는 점이 있었다. 안쪽의 다다미 6조짜리

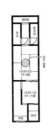

일본식 방이 이상했다. 다다미 위에 전체적으로 돗자리가 깔려 있었다. 그리고 방 모서리에는 녹슨 핀 몇 십 개가 돗자리를 고정하기 위해 꽂혀 있었다.

눈에 띈 이상 어쩔 수 없었다. 노즈 씨는 모든 핀을 뽑고 돗자리를 걷어냈다.

그러자 마치 블랙홀 같은 검은 원이 나타났다.

천장 정중앙에는 소형 전구가 달린 소켓이 매달려 있었다. 그 바로 밑 부근 다다미에 직경 1미터 정도의 검은 원형 얼룩이 있었다.

노즈 씨는 조심스럽게 돗자리를 원래 상태로 되돌려 놓았다. 하여간 기분이 나빴다. 그때부터 일상생활을 할 때는 얼룩에 대해서 가능한 생각하지 않으려 노력했다.

*

노즈 씨는 대학 생활에 적응하고 자주 가는 술집도 생기고 나서야 겨우 다른 사람들에게 자신이 살고 있는 방에 관해 이야기를 털어놓았다.

"기분 나쁜데."

친구들은 모두 하나같이 말했다.

"관리인한테 사정을 설명해달라고 해."

술집 주인이 권유했다. 그다지 내키지는 않았지만 노즈 씨는 관리인에게 검은 얼룩에 관해 물었다.

"죄송해요. 그 방은 몇 번씩 다다미를 갈아도 검은 얼룩이 나타나더라고요. 그래서 다른 방보다 싸게 내놓죠."

노즈 씨는 대학에 다니는 4년 동안 이 집에서 보냈다. 얼룩에 관해서는 깊이 생각하지 않도록 가능한 한 노력했다.

튀어나온 집

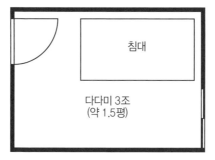

침대

다다미 3조
(약 1.5평)

대학을 졸업하고 오사카에 온 노즈 씨는 니시신사이바시西心斎橋의 아메리카무라アメリカ村에 있는 집에서 살기 시작했다. 젊은이들의 문화 발신지라 불리는 동네였다.

가장 높은 6층 끝 방, 욕실은 공동 사용이고 1R 다다미 3조(약 1.5평)에 집세는 3만 엔이었다. 신사이바시 근처에서 일을 시작한 노즈 씨에게는 맞춤한 조건이었다.

이사 기념으로 친구가 집에 놀러왔을 때 있었던 일이다.

편의점에서 술을 잔뜩 사서 좁은 집 바닥에 앉은 순간 친구가 놀란 표정으로 천장 구석을 가리켰다.

"얼굴…이 있잖아."

노즈 씨에게는 보이지 않았지만 친구에게는 얼굴이 확실히 보였다고 한다.

"남자 얼굴이 튀어나왔는데."

천장 구석에서 쑤욱 튀어나온 남자의 얼굴은 무표정했고 전혀 움직이지 않았다고 한다.

하지만 딱히 해를 끼치는 것 같지는 않았기 때문에 처음에는 기

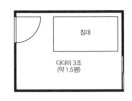

침대

다다미 3조
(약 1.5평)

분 나빠하던 친구도 차츰 신경을 쓰지 않았다.

　노즈 씨도 내심 싫긴 했지만 애초에 자기 눈에는 남자 얼굴이 안 보였고 그 전에 살았던 돗자리 집에서의 경험을 통해 신경 안 쓰는 일에도 익숙해졌기 때문에 그대로 살기로 했다.

　직장에서는 이 일에 관해 딱히 누구에게도 말하지 않았다. 친구가 환각을 봤을지도 모르고 동료에게 말할 만한 일이 아니라고 생각했기 때문이다.

*

　어느 날 동업자인 선배가 노즈 씨에게 어디에 사는지 물었는데, 건물 이름을 말하자마자 즉각 반응했다.

　"노즈 씨, 거기 귀신 나온다고 유명한 곳이잖아."

　구체적으로 어떤 현상이 나타나는지는 알 수 없었지만 하여튼 이 근방에서는 유명한 곳인 듯했다.

　어느 날 밤 공동 세탁기가 있는 세탁실에서 같은 층에 사는 30대 이웃이 노즈 씨에게 묘한 질문을 했다. 그는 항상 편하게 말을 거는 사람이었는데, 이런 질문을 한 것은 그때가 처음이었다.

　"노즈 씨, 어젯밤 1시에 뒷문으로 나갔다 왔어?"

　뒷문이란 6층 공용부분 안쪽에 있는 비상구로 비상계단과 옥상으로 연결되어 있었다. 하지만 이 문은 원래 사용할 수 없었다. 왜냐하면 문 반대쪽은 쇠사슬로 꽁꽁 봉쇄해놔서 비상계단을 사용하는 것 자체가 불가능했기 때문이다.

"아니요. 안 나갔는데요."

"정말? 근데 분명히 외모는 노즈 씨 같았는데."

"저는 아닐 거예요. 게다가 뒷문을 열어도 내려갈 수가 없잖아요."

"그렇지. 그래서 뭐하나 싶었거든. 수상한 느낌도 아니고 너무 자연스럽게 뒷문을 사용하는 것처럼 보여서. 노즈 씨가 아니면 누구였을까?"

이웃 사람은 사실 여러 번 이 인물을 목격했다. 시간대는 항상 새벽 1시. 정신을 차렸을 때는 이미 뒷문을 나간 뒤였다고 한다.

외부에서 들어온 침입자일 가능성도 있기 때문에 노즈 씨는 조금 주의 깊게 관찰하기로 했다.

*

그날은 회식이 있어서 집에 오는 시간이 늦어졌다. 집에 도착했을 때는 새벽 1시를 넘긴 시간이었다.

6층까지 올라간 후 엘리베이터에서 내렸다. 조금 더 가면 노즈 씨의 방이었다. 그런데 복도 끝 뒷문 앞에 누군가 서 있었다. 설마….

그 누군가는 비상문을 열고 문 저편으로 사라졌다.

"철컹."

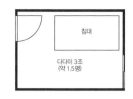

복도에는 문 닫히는 소리만이 울려 퍼졌다.

순간 멈칫했던 노즈 씨는 정신을 차리고 남자를 따라 비상문을 열었다. 하지만 여전히 문 너머는 쇠사슬로 봉쇄되어 있었고 그 남자의 모습은 찾아볼 수 없었다.

그 남자는 젊었고 확실히 외모나 분위기가 자신과 닮은 것 같았다. 하지만 틀림없이 다른 사람이었다. 이 남자가 바로 이웃집 사람이 자주 봤던 사람이구나. 하지만 어디로 간 것일까?

다음 날 관리인에게 말하고 방범카메라를 확인했다. 하지만 그곳에는 아무도 보이지 않았고 그저 비상문이 멋대로 열렸다 닫히는 영상만 남아 있었다.

*

몇 년 후 이사를 가기 직전에 처음 이사를 축하하러 방문했던 친구가 다시 찾아왔다.

"아직 있네. 그 남자 얼굴."

남자의 얼굴이 여전히 그곳에 있다고 했다. 노즈 씨가 생활한 몇 년간 천장에서 남자가 얼굴을 내밀고 있었다는 말이다.

참고로 노즈 씨가 살기 몇 년 전에 어느 뮤지션이 이 빌딩 옥상에서 투신자살을 했다.

꿈을 꾸는 집

다다미 8조
(약 4평)

침대

다다미 4조
(약 2평)

벽장

욕실

화장실

현관

부엌

　노즈 씨가 지금 살고 있는 집도 사고 부동산이다. 다다미 4조(약 2평)와 다다미 8조(약 4평)인 방이 있고 집세는 5만 엔이다.

　넓은 집을 찾던 노즈 씨는 인터넷에서 이 집을 찾았고 관리하고 있던 부동산 사무소에 연락했다. 하지만 나중에 부동산을 찾아가자 입주를 거절당했다.

　"여기는 당신 같은 사람이 살 곳이 못 됩니다."

　몇 번을 물어도 담당자는 집요하게 다른 집을 추천했고 억지로 다른 집을 보여줬다. 이런 대응은 내가 첫 번째 사고 부동산에 입주하려 했을 때의 부동산 사무소와 매우 흡사했다.

　이 집은 입지와 구조, 가격이 딱 좋았다. 부동산 사무소를 겨우 설득해 실제로 집을 방문했다.

　"거기 여러모로 좀 어렵거든요."

　담당자는 내키지 않는 표정으로 안내를 하긴 했지만 말끝을 흐렸다.

　"젊은 사람들은 다 이사 가고 할머니 할아버지밖에 안 살아요."

　추천하지 않는 이유는 여전히 알 수 없었다.

완공 후 50년은 족히 지난 낡은 건물이지만 총 호수는 92개였다. 외관은 마치 '군함'처럼 보였다. 그 중후한 분위기도 마음에 들었기 때문에 노즈 씨는 이곳에 살기로 결심했다.

입주 첫날 노즈 씨는 꿈을 꿨다. 거대한 폐허 속을 걷는 꿈이었다.

그 폐허는 오늘부터 살기 시작한 이 맨션의 구조와 아주 비슷했다. 어두운 복도를 걷고 있자니 복도 벽이나 바닥 여기저기에서 검은 그림자가 꿈틀거리는 것이 눈에 들어왔다. 그리고 어느 문 사이로 사람 모양을 한 검은 그림자가 스윽 빠져나갔다. 무서워진 노즈 씨는 점점 걸음이 빨라졌다. 그리고 익숙한 문 앞에 다다랐다.

'우리 집 문인가?'

거기서 노즈 씨는 눈을 떴다. 그와 동시에 집 안에서 어떤 소리가 들렸다.

"탁…탁…탁…탁…."

소리는 일정한 리듬에 따라 커졌다가 작아졌다.

'뭐지? 아직도 꿈속인가?'

"탁…탁…탁…탁…."

아니었다. 이 소리는 이불 주변을 무언가가 천천히 걷는 소리였다. 그것을 깨달은 순간 두려워져 눈을 감았다.

소리는 계속됐다. 냉정하게 정신을 차리고 귀를 기울이자 사람의 발소리보다는 더 가볍게 들렸다.

'지팡이 소리인가?'

결국 소리는 아침까지 멈추지 않았다.

"○○ 씨 괜찮으세요? ○○ 씨?"

남자 목소리에 눈을 떴다. 언제 잠이 들었는지 알 수 없었지만 시간은 벌써 점심을 지나고 있었다.

방을 나서자 복도에 목소리의 주인이 아직 서 있었다. 관공서 직원처럼 보이는 젊은 남자였다.

잠시 후 경찰이 도착했다. 아무래도 이 건물에 사는 거주자가 집에서 사망한 것 같았다.

노인의 고독사였다.

노즈 씨가 입주한 첫날에 발생한 일이었다.

*

그로부터 얼마 후 또 같은 꿈을 꿨다. 어두운 폐허를 계속 걷는 꿈이었다. 검은 그림자는 여전히 꿈틀거리고 있었다. 문틈에서 사람 그림자가 스윽 빠져나갔다. 그리고 자신의 집 앞에 다다르자 지난번처럼 잠에서 깼다.

눈을 떴더니 날이 밝아 있었다. 밖에 나가자 어떤 방에서 이사를 하고 있었다. 그런데 착각이었다. 이사가 아니라 특수 청소였다. 또 거주자가 사망하는 일이 발생했다.

*

그 후 노즈 씨는 다른 꿈을 꾸기 시작했다.

자신의 방과 완전히 똑같은 방에서 눈을 뜨는 꿈이었다.

꿈속에서 자고 있는 자신이 눈을 뜬다. 그러고 나면 방이 좀 다르다는 것을 깨닫는다. 구조도 창밖의 풍경도 자신의 방과 완전히 똑같았지만 가구나 장식, 옷이나 TV 등이 완전히 달랐다. 명백히 다른 사람의 방이었다.

노즈 씨는 이와 비슷한 꿈을 방의 디테일을 바꿔가며 매일 꿨다고 한다. 다음번에 꿈을 꿨을 때는 다른 방이었다. 그 다음에는 또 다른 방. 하여튼 매번 다른 방에서 눈을 떴다. 고양이가 있는 방도 있었다. 하지만 구조와 창밖의 풍경은 똑같았다. 자신이 지금 살고 있는 집과 동일했다.

*

어느 날 열쇠를 잠근 것을 확인하고 집을 나섰는데, 돌아왔더니 현관문이 완전히 열려 있었다. 오싹해진 노즈 씨는 이 사건을 계기로 친구 집에서 머무르기로 했다.

하지만 친구의 집에서 자는 동안에도 그 꿈은 계속됐다.

그날 꾼 꿈에는 방에 불단이 있었고 머리맡에 처음 보는 할머니가 앉아 있었다. 할머니는 불단을 가리키며 중얼거렸다고 한다.

"산도가 없다."

'산도'가 무엇을 의미하는지는 알 수 없었다.

친구 집에 너무 오래 머무르기도 미안했기 때문에 현재 노즈 씨
는 집으로 돌아간 상태다.

하지만 아직도 가끔 다른 사람의 방에서 눈을 뜨는 꿈을 꾼다고
한다.

R맨션

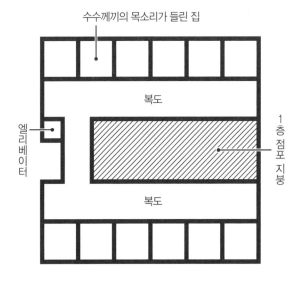

수수께끼의 목소리가 들린 집

복도

엘리베이터

1층 점포 지붕

복도

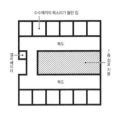

갓 데뷔한 개그맨은 대부분 아르바이트를 하면서 생활비를 번다. 특히 선배인 미와三輪(예명은 미와 유스케みわゆうすけ. 쇼치쿠 예능 소속 개그맨) 씨는 여러 가지 아르바이트를 경험했기 때문에 에피소드가 다양했다. 그중에서도 특히 기묘한 체험담이 많아서 날을 잡아 듣기로 했다.

"그 방에는 계속 아무도 없었다니까. 그때 내가 하던 일이 2인 1조로 맨션 관리인이 부탁한 방을 청소하는 일이었는데 항상 사람이 없는 거야. 그런데 청소를 마칠 때까지 계속 방문을 해야 했거든."

아르바이트라고는 하지만 일이기 때문에 제대로 청소를 마쳐야 한다.

"어느 날 오늘도 어차피 없겠지 하면서 맨션 입구에서 호수를 누르고 호출 버튼을 눌렀는데 통화 상태인거야. 그리고 인터폰에서 고양이인지 강아지인지 동물이 우는 것 같은 깽 하는 소리가 들리면서 1층 자동문이 열렸어."

기분 나쁘다고 생각하면서도 맨션 안에 들어간 미와 씨는 6층에 있는 그 집으로 가서 현관 인터폰을 눌렀다. 하지만 아무도 나오지 않았다.

1층 자동문이 열렸으니 집 안에 사람이 있을 것이라고 생각한 미와 씨는 같이 온 아르바이트생 F 군과 고개를 갸웃거리며 기다리고 있었다. 그런데 관리인이 나타나더니 이렇게 말했다.

"거기 아무도 안 살아요."

거주자가 인터폰으로 1층 입구 문을 열어줬으니 집 안에 사람이 있을 거라고 미와 씨와 F 군이 얘기했지만 관리인은 계속 같은 대답을 했다.

"아니, 진짜로 그 집에는 아무도 안 산다니까요."

이 맨션은 오사카의 어느 역 앞에 있다. 외관은 깨끗하게 칠해져 있지만 내부는 ㄷ자로 중심부가 뻥 뚫려 있는 구조이며 약간 어두컴컴하다. 영적인 감각이 전혀 예민하지 않은 미와 씨조차도 그 맨션은 오싹했다고 한다.

"그 집만 오싹한 게 아니라니까. 다른 집 사람들도 왠지 다 어둡고 전체적으로 칙칙해."

*

어느 날 우연히 그 맨션 앞을 지나치던 미와 씨는 당시의 일을 떠올렸다. 아무래도 신경이 쓰여 마치 빨려 들어가듯 맨션 입구까지 가버렸다. 그런데 맨션 안에 당시 현장에서 같이 일했던 다른

수수께끼의 목소리가 들린 집

복도

엘리베이터

1층 현관 지붕

복도

아르바이트생 F 군이 서 있었다.

"너 왜 여기 있는 거야!"

"그게 그날 이후로 아무래도 신경이 쓰여서…."

F 군은 특별한 이유 없이 그저 정기적으로 이 맨션을 방문하는 것 같았다.

미와 씨는 집이 가까워서 우연히 들른 것이지만 F 군의 집은 완전히 반대 방향이고 여기까지 오는데 1시간 정도 걸리는 거리였다.

그 후로 F 군과는 만나지 못했다고 한다.

야스자토 씨의 빌라

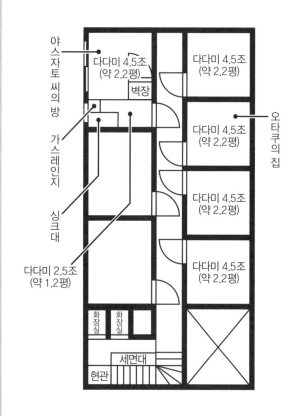

야스자토 씨의 방

다다미 4.5조
(약 2.2평)

벽장

가스레인지

싱크대

다다미 2.5조
(약 1.2평)

다다미 4.5조
(약 2.2평)

다다미 4.5조
(약 2.2평)

오타쿠의 집

다다미 4.5조
(약 2.2평)

다다미 4.5조
(약 2.2평)

화장실

화장실

세면대

현관

밴드맨인 야스자토安里(예명은 야스자토 안리安里あんり. 락밴드 'WATUSI ZOMBIEワッツーシゾンビ'의 기타·보컬) 씨는 지금으로부터 약 10년 전 관리비 포함 집세가 2만 2천 엔인 저렴한 빌라 2층에 살고 있었다. 다다미 2.5조(약 1.2평)에 마루를 깐 부엌이 딸린 다 다미 4.5조(약 2.2평)짜리 방이었다.

오사카 중심지에서 가깝고 집세가 쌌기 때문에 생활에 특별히 문제는 없었지만 대각선 건너 집에 사는 이웃이 신경 쓰였다.

푸석푸석한 머리에 후줄근한 옷차림. 게다가 공용 구역에서 마 주쳐도 전혀 인사를 하지 않고 무슨 일을 하는지도 알 수 없는 어 두운 청년이었다.

야스자토 씨는 딱 한 번 그 청년이 사는 방 내부를 본 적이 있다. 방문이 반쯤 열려 있었기 때문이다.

딱히 엿볼 생각은 아니었지만 눈에 들어온 것은 방 전체에 붙어 있는 미소녀 애니메이션 포스터와 방 안에 가득 놓인 애니메이션 캐릭터 피규어였다. 아무래도 그는 애니메이션 오타쿠인 것 같았다.

얼마 후 '그러고 보니 요즘 대각선 건너 집에 사는 청년을 못 본 것 같은데?' 하는 생각이 들었다. 때마침 1층에 사는 아파트 주인과 입구에서 마주쳐 그 청년에 관해 물었더니 이렇게 답했다.

"계속 집세가 밀려서 나가달라고 했어."

대각선 건너 집은 다다미 4.5조에 1R이고 집세는 관리비를 포함해 겨우 2만 엔이었다. 그렇게 많은 애니메이션 굿즈를 모으면서 집세 2만 엔을 내지 않았다니.

*

그로부터 시간이 흐른 어느 여름날 아파트에서 이상한 냄새가 나기 시작했다. 음식물 쓰레기와 유독 가스가 섞인 것 같은 코를 찌르는 냄새였다. 냄새는 날로 심해졌다.

얼마 후 빌라에 경찰이 찾아왔다. 입구에서 얼굴이 새하얘진 집주인이 경찰과 이야기를 나누고 있었기 때문에 야스자토 씨는 무슨 일이 일어났는지 물었다.

"야스자토 씨, 어떻게 이런 일이 있을 수가 있지. 천장에서 구더기가 우수수 쏟아졌다니까."

집주인이 사는 1층 집 바로 위는 그 오타쿠 청년이 살던 방이었다. 집세 체납으로 쫓겨난 후 갈 곳이 없었던 그는 몰래 방으로 돌아왔고 그 후 한 걸음도 밖으로 나가지 않은 채 그대로 굶어 죽었던 것이다.

그 상태로 여름이 와서 부패한 그의 시체가 2층 바닥을 침식했고, 바로 아래 주인집 천장까지 썩어 들어가 구더기가 떨어졌다.

빌라에 가득 찬 악취의 원인은 바로 그 청년이었다.

이 사건으로 인해 빌라에 살던 사람들은 야스자토 씨를 제외하고는 모두 나가버렸다.

원래 무심한 성격인 야스자토 씨는 충격을 받긴 했지만 그 곳에서 그대로 살았다. 다만 하루에 한 번 문이 열리는 것만큼은 무서웠다고 한다.

집주인은 바로 빌라를 리모델링했다. 자신의 집 천장도 썩었으니 당연한 일이다.

하지만 리모델링 후에도 하루에 한 번 오타쿠 청년의 방문이 멋대로 열렸다 닫히는 현상이 발생했다.

물론 열쇠는 잠겨 있었다. 하지만 하루에 한 번 꼭 문이 열렸다. 마치 투명인간이 생활하는 것처럼 말이다.

집주인은 퇴마사를 불러 빌라 전체에 퇴마 의식을 치르기로 했다. 빌라의 모든 빈방의 문과 창문을 열고 기도문을 읊는 것이 퇴마사의 정화 방법이었다. 야스자토 씨의 집도 동의하에 기도 시간에는 방문을 열었다.

의식을 마친 퇴마사는 아파트 공용 공간과 고독사가 발생한 방에 얇게 자른 종이를 깔아놓았다. 이렇게 하룻밤을 두면 완전히 정화가 마무리된다고 했다. 집주인과 함께 그 설명을 들은 후 야스자

·

토 씨는 일을 하러 나갔다.

그날 밤 야스자토 씨가 일을 마치고 빌라로 돌아오자 복도에는 아직 그 퇴마사가 뿌려놓은 종이가 그대로 있었다.

야스자토 씨는 그 종이 위를 걸어서 2층에 있는 자신의 방을 향해 계단을 올라갔다. 한 단 한 단 계단을 오르다 보면 딱 중간쯤에서 2층 복도가 눈에 들어온다. 2층에도 종이가 깔린 상태였다.

어두컴컴한 조명 아래에서 야스자토 씨가 본 것은 아주 이상한 광경이었다. 계단을 다 오르기 전, 오른쪽 시야에 들어온 청년이 살던 방문이 갑자기 열리면서 바람을 일으켜 복도에 깔려 있던 종이가 눈처럼 흩날렸다.

그날 야스자토 씨는 겁에 질려서 자신의 방으로 돌아갈 수 없었다고 한다.

야반도주한 집

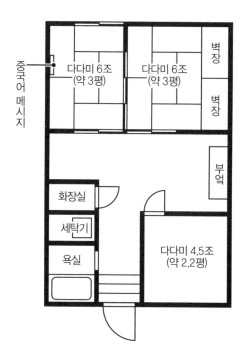

K 씨는 매일 밤 옆집에서 들리는 "쾅쾅"거리는 소리나 "덜컥덜컥"거리는 소리 때문에 고민하고 있었다. 옆집에는 중국인이 살고 있었기 때문에 말이 통하지 않을까 봐 불만사항을 얘기하러 가지도 못하고 참고 있었다. 그러던 어느 날 소음이 너무 심해서 주의를 주러 갔다.

하지만 벨을 아무리 눌러도 나오는 사람이 없었다. 현관문 손잡이를 돌려보자 문이 잠겨 있지 않았다. 문을 열어보니 집 안은 깜깜하고 아무도 없었다. 소리도 전혀 들리지 않았다.

이해가 안 간 상태에서 자신의 집으로 돌아왔는데 다시 옆집에서 "덜컥덜컥"거리는 소리가 들리기 시작했다.

'역시 안에 누가 있었구나!'

그렇게 생각하고 다시 옆집을 찾아갔다.

그러나… 여전히 아무도 없었다.

K 씨는 머릿속이 혼란스러웠지만 지금 일어나고 있는 일을 확인해야겠다는 생각에 집에서 손전등을 들고 와 옆집 안을 비춰 보았다.

현관 입구에는 전기요금 명세서나 우편물이 마구 어질러져 있었

다. 가재도구도 조금 어질러져 있기는 했지만 거의 그대로였다. K 씨는 복도에 있는 박스 안에서 한 장의 쪽지를 발견했다.

"죄송합니다. 모두 버려주세요."

이런 메시지가 한 줄 적혀 있었다. 무슨 일이 있었던 것일까? 야 반도주일까?

K 씨는 막다른 벽에 붙어 있는 수수께끼의 메모도 발견했다.

"嗡阿吽 班札格熱白

犸色得嗡

蓮花生大师心咒."

K 씨는 관리인에게 연락을 취했다. 이웃 사람이 사건에 휘말렸을 가능성도 있기 때문에 경찰도 불렀지만 야반도주로 결론이 났다.

하지만 K 씨는 아무도 없는 옆집에서 들린 소음과 중국어로 적 힌 메모가 상당히 신경 쓰였다. 대체 이 방에서 무슨 일 있었던 것 일까….

*

K 씨에게 이 사진을 받은 친구 모토코 씨는 SNS로 친구들에게 사진을 보여주며 조언을 구했다. 그 결과 어떤 정보가 날아들었다.

"이건 불교의 경문이 아닐까 생각됩니다. 중국어 한자로 적혀 있지만 음역이기 때문에 중국어라고 하긴 어렵습니다. 의미는 잘 모르겠지만 대략 마음을 깨끗이 하겠다는 기도 내용인 것 같습니다."

"밀교의 만다라로 보입니다. 어쩌면 연화생대사를 믿는 분이었을지도 모릅니다. 밀교를 잘 아는 분이라면 알지도 몰라요."

"중국의 지인에게 해석을 부탁했더니 부처님의 주문이고 '요괴 퇴치'에 효과가 있는 거라고 합니다."

유력한 정보는 이 세 가지였다. 경문? 밀교? 요괴 퇴치?

K 씨는 지금도 옆집에서 들리는 소음 때문에 고민이라고 한다.

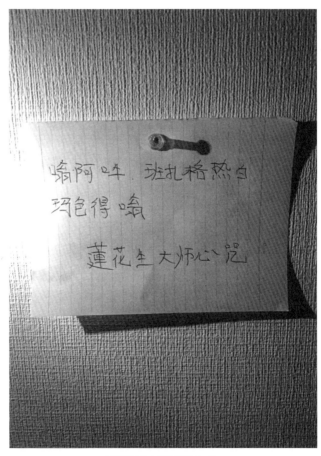

방 벽에 붙어 있던 중국어 메모

Y맨션

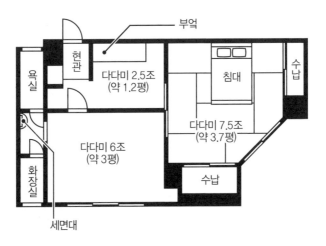

부엌

현관

요실

다다미 2.5조
(약 1.2평)

침대

수납

다다미 7.5조
(약 3.7평)

다다미 6조
(약 3평)

화장실

수납

세면대

젊은 개그맨끼리는 룸쉐어를 하는 경우가 많다. 2K짜리 방을 빌려서 세 명이 사는 일은 흔하다. 이때 최고참 선배가 넓은 방을 사용하고 그 다음 선배가 좁은 방을 사용한다. 그리고 제일 후배가 부엌에서 자는 것이 관례다. 물론 집세는 선배가 가장 많이 부담하며 후배일수록 부담이 줄어든다.

*

쇼치쿠 예능 소속의 개그맨 세 명이 오사카의 나니와浪速 구에 집을 빌려 룸쉐어를 하고 있었다. 지은 지 40년이 지난 4층짜리 맨션의 최고층 끝에 있는 방이었다.

이 집은 구조가 조금 특이했다. 현관으로 들어오면 바로 다다미 2조(약 1.2평) 크기의 부엌이 있고 정면에는 다다미 6조(약 3평)의 서양식 방이 있었다. 그리고 왼쪽은 다다미 7.5조(약 3.7평)의 일본식 방이었다. 이 일본식 방은 오각형 모양이었고 원래 구비되어 있던 더블침대가 놓여 있었다.

최고참 선배가 이 일본식 방을 사용하고 그 다음 선배가 서양식 방, 그리고 후배인 니시카와西川 씨는 부엌에서 생활을 하고 있었다.

최고참 선배인 요시오카吉岡 씨는 이 셋 중에서는 가장 경력이 오래된 사람이었다. 젊은 개그맨 중에서는 그래도 일이 제법 있는 편이서 극장 개그 라이브나 지방에서도 공연을 자주 했다. 그런데 어느 시점부터 방 침대에서 자고 있는 모습을 목격하는 일이 잦아졌다. 스케줄이 있는데도 매일 침대 위에 누워 있었다. 일을 자주 빼먹고 있는 것 같았다.

결국 요시오카 씨는 개그맨 업계에서 일이 끊겼고 콤비도 해산한 후 짐을 남겨둔 채 실종됐다. 남은 두 개그맨은 난감하긴 했지만 어쩔 수 없이 둘이 계속 살기로 했다.

*

얼마 지난 후 두 번째 선배인 스가菅 씨가 이상한 말을 하기 시작했다. 밤중에 누군가가 현관 앞까지 온다는 것이었다. 스가 씨의 말에 따르면 혼자서 자고 있을 때 새벽 1시에 바로 아랫집에 사는 사람이 방을 나와서 계단을 올라와 이 방 앞에 서 있다가 한참 후에 돌아간다고 했다.

이 얘기를 들은 니시카와 씨는 어차피 거짓말일거라 생각하고 스가 씨가 야간 아르바이트를 하느라 집을 비운 밤에 귀를 기울여 들어본 다음에 진위를 가리기로 했다.

새벽 1시. 정적 속에서 아래층 문을 여는 소리가 들렸다.

"뚜벅, 뚜벅, 뚜벅…."

복도를 걷는 소리가 들렸다.

"뚜벅, 뚜벅, 뚜벅…."

이번에는 계단을 올라오는 소리였다. 분명히 소리는 점점 가까이 다가오고 있었다.

"뚜벅, 뚜벅."

멈췄다. 현관 앞이었다.

니시카와 씨는 현관 바로 옆에 있는 부엌에 이불을 깔고 누워 있었다.

지금 바로 눈앞의 문 너머에 누군가가 서 있었다. 조금이라도 움직이면 그 소리가 문 너머의 누군가에게 들릴까 봐 움직일 수가 없었다.

"뚜벅, 뚜벅, 뚜벅, 뚜벅, 뚜벅, 뚜벅…."

니시카와 씨에게는 엄청나게 긴 시간으로 느껴졌지만 아마 실제 시간은 5분 정도였을 것이다. 발소리의 주인은 현관 앞을 떠나 아래층으로 내려가 원래 집으로 돌아갔다.

스가 씨가 했던 말은 사실이었다.

니시카와 씨는 아침에 돌아온 스가 씨에게 지난밤의 일을 얘기했다. 그리고 두 사람은 용기를 내서 아래층을 보러 갔다.

301호.

자신들의 집 바로 아랫집이었다. 새벽 1시에 이 집의 문이 열리

173

고 누군가가 4층으로 올라온다.

하지만 아무리 봐도 사람이 사는 집 같지 않았다. 아무래도 빈집인 듯했다. 그때 스가 씨가 천천히 현관문 손잡이를 잡았다. 그리고 손잡이를 돌렸다.

"철컥."

문이 열렸다. 잠겨 있지 않았다. 집 안을 들여다봤다. 집 내부는 자신들의 집과 같은 구조였지만 아무것도 없이 휑한 상태였다. 다만 안쪽 일본식 방에 책상과 의자가 있었다. 그 위에 종이가 여러 장 흩어져 있었다. 두 사람은 안 된다고 생각하면서도 책상 위에 있는 의문의 종이를 들여다봤다.

종이는 신문 스크랩이었다. 모든 기사에 '행방불명'이라는 글자가 적혀 있었다. 행방불명된 사람들의 기사를 모은 신문 스크랩이 대량으로 놓여 있었던 것이다.

"뭐야 이거. 기분 나쁘게…."

그날 이후로 서서히 스가 씨의 성격이 달라졌다.

무슨 일만 있으면 짜증을 냈고 물건을 자주 집어 던졌다고 한다.

어느 날 스가 씨가 갑작스럽게 개그맨을 그만두게 됐다.

사귀던 여성이 고소를 했기 때문이다. 스가 씨는 연인에게 폭력을 행사하고 있었다. 데이트 폭력 피해를 입은 여성은 민사재판을 신청했고 스가 씨가 소속한 기획사에도 연락이 왔다. 스가 씨는 권고로 인해 기획사를 그만둘 수밖에 없었다.

그렇게 니시카와 씨는 맨션에 홀로 남겨졌다. 혼자서 집세를 계

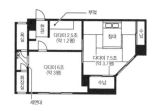

속 내기는 힘들었기 때문에 계약이 남아 있는 한 달만 이 집에서 지내고 이사를 가기로 했다.

그리고 혼자가 된 첫째 날 밤.

"철컥, 뚜벅, 뚜벅, 뚜벅…."

새벽 1시에 301호 문이 열리고 복도를 걷는 소리가 들렸다.

"뚜벅, 뚜벅, 뚜벅, 뚜벅, 뚜벅, 뚜벅."

왔다. 또 누군가가 집 앞에 왔다.

니시카와 씨는 절망적인 기분이었다.

그렇구나. 이사를 가기 전까지 혼자 지낸다는 것은 매일 이 상황이 지속된다는 뜻이다….

현관문을 보는 것이 두려워 반대쪽으로 고개를 돌렸다. 반대쪽은 처음 이 집을 나간 요시오카 씨의 방이었다. 방 안에는 아직 가져가지 않은 짐이 남아 있었다.

'응?'

어둠 속에서 무언가가 움직이는 것 같았다. 그것은 바로 침대 밑에 보관하던 소도구였다.

요시오카 씨가 자던 침대 아래는 콩트에서 사용하는 의상이나 소도구가 보관되어 있었다. 그 소도구는 축구공 혹은 피구공 정도되는 크기였다. 동그란 물체가 침대 아래서 천천히 회전하는 것처럼 보였다. 그리고 그 공과 눈이 마주쳤다.

'공이 아니다. 저건 얼굴이다.'

그 사실을 깨달은 순간 니시카와 씨는 너무 놀라 자리에서 벌떡 일어났다. 그리고 그대로 현관문을 열고 집을 뛰쳐나갔다. 문 앞에는 301호에 사는 수수께끼의 인물이 서 있을 테지만 그보다 방에 있는 것이 더 두려웠다.

다행히 문 밖에는 아무도 없었다. 서둘러 계단을 내려갔다. 그리고 급하게 301호의 문을 열었다.

'301호?'

스스로도 왜 이런 행동을 했는지 알 수 없었다. 다만 공포 때문에 혼란스러워 마치 무언가에 이끌리듯 301호 안으로 들어가고 말았다.

그 집 안쪽에는 여전히 책상과 의자가 놓여 있을 뿐이었다.

하지만 그 안쪽 의자에 누군가가 앉아 있었다. 그리고 그 인물의 목이 천장을 뚫을 기세로 길게 늘어나 있었다.

책상과 의자가 있는 위치 바로 위에는 요시오카 씨가 머물던 방의 침대가 있었다.

그렇다. 침대 밑에 있던 얼굴은 바로 이놈의 얼굴이었다. 아랫집에서 천장을 뚫고 나와 우리 집을 엿보고 있었던 것이다.

끔찍한 공포가 온몸을 훑고 지나갔다. 그리고 그 순간 신문기사가 머릿속에 떠올랐다.

'쇼치쿠 예능 소속 개그맨 세 명이 행방불명되다.'

니시카와 씨는 정신을 차렸다. 무슨 상황인지 알 수 없었지만 어쨌거나 도망쳐야 한다는 일념 하나로 301호를 뛰쳐나왔다. 그리고 맨션을 나와 근처 편의점으로 피신했다.

그날은 아침까지 집으로 돌아가지 못했고 바로 다음 날 니시카

와 씨는 이사를 했다.

호텔 아드리아노

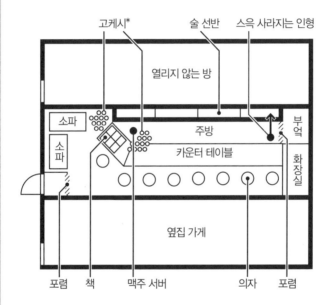

고케시* 술 선반 스윽 사라지는 인형

열리지 않는 방

소파

소파

주방

카운터 테이블

부엌

화장실

옆집 가게

포렴 책 맥주 서버 의자 포렴

*고케시(こけし): 일본 동북지방 특산품으로 손발이 없고 머리가 둥근 목각 인형.

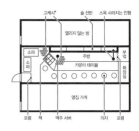

오사카 센니치마에千日前에 있는 미소노味園 빌딩은 1955년에 개장한 종합 레저시설이다. 과거에는 카바레 '유니버스'나 종유 동굴을 본뜬 대형 사우나, 샹들리에가 반짝이는 댄스홀, 500명을 수용할 수 있는 홀 등으로 높은 인기를 끌며 오사카 미나미 번화가의 유흥 공간을 상징하는 곳이었다. 현재는 젊은 빌딩 주인의 영향으로 개성 있는 음식점이나 바, 라이브 스페이스가 많이 입점해 있다.

이런 미소노 빌딩에 입점한 가게 중 '호텔 아드리아노ホテル·アドリアーノ'라는 바는 사장이 고케시こけし를 모으는 조금 특이한 가게로 유명했다.

*

어느 날 아드리아노의 사장은 미소노 빌딩 주인으로부터 수수께끼의 램프와 중국인 초상화를 선물 받았다.

"사장님은 특이한 거 좋아하니까 이거 줄게."

이 두 물건은 미소노 빌딩의 선대 회장실에 계속 방치된 상태였다고 한다.

사장은 '기분 나쁜데'라고 생각하면서도 이 둘을 가게에 놔뒀다. 그날 이후로 바 소파에서 잠을 자면 80%의 확률로 악몽을 꿨다고 한다.

*

그로부터 얼마 후 가게 카운터 안쪽 자리에 손님이 아무도 앉지 않는 나날이 계속됐다.

"왠지 모르지만 아무도 앉지를 않네."

좀 신경이 쓰였던 사장에게 어느 날 단골손님인 여자가 말을 걸었다.

"마스터, 잠깐 밖에 나와서 얘기 좀 해요."

마침 바 안에는 둘밖에 없었다.

"왜 굳이 밖으로 나가? 가게에서는 못할 얘기야?"

사장이 가게 밖으로 나가자 그녀가 입을 열었다.

"마스터, 혹시 모르는 거야? 당신 옆에서 이상한 버드걸バドガール* 이 계속 맥주를 따르고 있고 안쪽에서는 직장인 세 명이 난리법석

---

* 맥주회사 로고가 새겨진 레이싱 퀸 복장을 한 홍보모델.

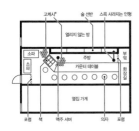

인데. 저거 어떻게 좀 해봐."

　그 사건 이후 사장은 다른 손님들에게도 뭔가 이상한 것을 본 적이 있는지 물었다. 그러자 눈앞을 슥 하고 지나는 의문의 사람 그림자를 봤다는 손님이 여러 명 있다는 사실을 알게 됐다. 모든 증언에서 일치하는 점은 그림자가 부엌 입구 부근에 나타난 후 술 선반 너머로 빨려 들어가듯 사라진다는 점이었다. 참고로 술 선반 너머에는 문이 열리지 않는 방이 있었다.

오노다 씨의 맨션

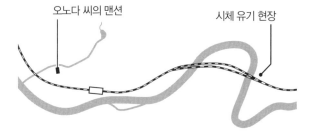

오노다 씨의 맨션

시체 유기 현장

오노다小野田 씨는 원래 오컬트에 흥미가 있는 사람이 아니었다.
다만 보통 사람이라면 좀처럼 보기 힘든 것을 두 번이나 목격했다.

바로 투신자살이다.

처음에 목격한 것은 몇 년 전 와카야마和歌山에 있는 산단베키三段
壁에 관광을 갔을 때였다. 산단베키는 일본의 명승지로도 지정되어
있는 와카야마 현 시라하마白浜의 경치를 말한다.

그는 노점에서 산 오징어 통구이를 먹으면서 그 너머로 보이는
절벽의 아름다운 풍경을 사진에 담고 있었다. 그 오징어를 먹으며
웅대한 난키南紀의 바다를 몇 분간 바라보다가 왠지 분위기가 소란
스럽다는 것을 깨달았다.

방금 사진을 찍은 풍경에 사람들이 모여 무언가를 외치고 있었
다. 바다 위에는 어느새 여러 척의 보트가 모여들었고 헬리콥터 소
리도 들렸다. 구급대원들은 로프를 타고 절벽을 내려가고 있었다.
도중까지 내려간 대원이 무언가 신호를 보내자마자 가까이 왔던
헬리콥터가 돌아갔다.

아무래도 누군가 뛰어내린 모양이었다.

아까 찍었던 사진을 다시 확인했더니 찍혀 있어서는 안 될 무언가가 찍혀 있었다. 오징어 통구이 너머로 보이는 산단베키. 그리고 그 절벽 끝 정중앙에 종이봉투를 들고 서 있는 남자의 모습이 남아 있었다. 이 사진이 찍히고 몇 초 후 남성은 절벽에서 몸을 던진 것이다.

*

두 번째로 목격한 것은 작년이었다. 자택 바로 밑에 그것이 있었다.

일을 마치고 귀가한 오노다 씨는 자택 맨션 앞에서 보면 안 되는 무언가를 보고 말았다.

엄청난 양의 피와 이상한 방향으로 틀어진 팔다리를 볼 때 쓰러진 것이 아니라 위에서 떨어졌다는 것을 바로 알 수 있었다.

20대 정도로 보이는 젊은 남성이었다. 지난번에는 뛰어내리기 전의 모습을 봤고 이번에는 뛰어내린 후의 모습을 보고 말았다.

누군가가 불렀을 경찰이 이미 현장에 도착한 상태였다. 들것으로 옮겨지는 남성의 시체는 흰 시트 아래로 다리가 축 늘어져 있었다. 털이 난 종아리와 샌들이 기억 속에 선명하게 새겨졌다.

다음 날 맨션의 관리인으로부터 사정을 들은 오노다 씨는 자신의 귀를 의심했다. 자살한 사람이 여자 중학생이라고 했다.

…그럴 리가 없었다. 그가 본 시체는 분명히 남자였다. 게다가 샌

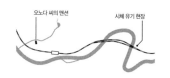

들을 신고 있었다. 방에서 갓 나온 것 같은 복장이었다.

뛰어내린 것은 오노다 씨가 사는 집보다 한 층 위인 7층 계단이었다고 한다. 좀 더 일찍 집에 귀가했으면 그 순간을 목격했을지도 모른다.

이 맨션에서는 전에도 투신자살 사건이 발생했었다고 한다. 어떤 사람인지는 알 수 없지만 다행히 목숨은 건졌다고 한다.

게다가 맨션 근처에서는 최근 몇 년간 두 명이나 세상을 떠났다는 이야기를 들었다.

오토바이를 탄 소녀가 경찰에게 쫓기다 맨션 앞의 전봇대와 정면으로 충돌해 그대로 강으로 떨어져서 사망했다. 바로 근처에 있는 공터는 어느 살인사건의 사체가 유기된 장소다.

왜 이 맨션 주변에서는 사건이 자주 발생하는 걸까? 물론 그 이유는 알 수 없다.

손이 없는 스님

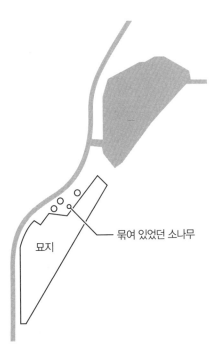

묘지

묶여 있었던 소나무

오사카에서 열린 어느 괴담 모임에 참가했다. 이 모임에는 이벤트 후반부에 관객들로부터 괴담을 모집하는 코너가 있다. 유카 씨가 손을 들고 매우 흥미로운 이야기를 들려줬다.

*

제 이모의 이야기입니다. 이모가 어릴 때 장난을 치거나 말을 듣지 않으면 제 할머니, 그러니까 이모의 어머니가 집에서 조금 떨어진 묘지로 데리고 갔다고 합니다. 그 묘지 외곽은 작은 절벽이었고, 절벽 바로 앞에는 큰 소나무가 있었어요. 그리고 이모는 반성할 때까지 그 나무에 자주 묶여 있었다고 합니다.

어느 날 밤 소나무에 묶인 이모와 할머니 사이를 하얀 사람의 그림자가 지나갔데요. 너무 놀란 할머니는 이모를 그대로 두고 혼자서 묘지에서 도망쳤다고 합니다.

묘지 근처에는 친척 집이 있었고 할머니는 바로 그 집으로 도망가 패닉 상태로 이야기를 했다고 합니다.

"지금 엄청난 걸 봤어!"

친척은 그것보다 혼자 묶인 채로 방치된 이모를 걱정했죠.

"그것보다 ○○(이모)를 구하러 가야지!"

그렇게 말하고는 할머니를 데리고 집 밖으로 나가자 묘지 쪽에서 울면서 뛰어오는 이모의 모습이 보였다고 합니다. 어떻게 밧줄을 풀고 왔냐고 친척이 묻자 이모는 떨면서 이렇게 말했다고 해요.

"절벽 밑에서 손이 없는 스님이 올라와서 입으로 밧줄을 풀어줬어"라고.

화장실로 향하는 복도

다카마쓰高松에서 괴담 라이브를 한 후 근처 바에서 뒤풀이를 했다.

"모처럼 이렇게 왔으니 손님들한테도 무서운 이야기 좀 해줘요. 한 잔 서비스 할 테니까."

바 주인의 부탁으로 단골손님들에게 사고 부동산 이야기를 했다.

단골손님들은 다들 무서워하면서도 내 괴담을 즐겼다. 특히 카운터 테이블에 앉아 있던 남성은 상당히 감명 깊었는지 내게 악수까지 청했다.

"무서웠어요. 역시 대단하십니다. 저는 어릴 때 몇 번 이상한 경험을 한 것뿐이거든요."

문득 그렇게 말하는 남성의 경험담이 신경 쓰였다. 정말 시시한 이야기라고 사양하는 남성에게 부탁해 이야기를 듣기로 했다.

*

네다섯 살 무렵 밤에 화장실로 가는 것이 무척 두려웠던 기억이 납니다. 그래서 항상 아이들 방에서 화장실까지 이어진 복도를 할

머니 손을 잡고 갔습니다.

그러던 어느 날 언제나처럼 화장실을 가려고 했는데 할머니가 내 손을 잡은 채로 복도의 벽 속으로 스윽 사라져버렸습니다.

할머니는 그 상태로 잡은 손을 놓지 않았기 때문에 나도 벽 속에 빨려 들어갈 것 같아 무서워서 울음을 터트렸지요.

"할머니가, 할머니가."

달려온 엄마에게 내가 이렇게 말하자 엄마가 말했습니다.

"너 무슨 소리를 하는 거야? 이 집에 할머니는 안 계시는데."

엄마와 아빠의 본가에는 각각 할머니가 살아 계시지만 손을 잡아준 할머니는 본가의 할머니들과는 전혀 다르게 생겼었어요. 그럼 화장실에 갈 때마다 손을 잡아준 할머니는 대체 누구였을까요?

그 후부터는 밤중에 화장실을 가는 것이 무서워 참게 됐습니다.

전염되는 자동 응답기 메시지

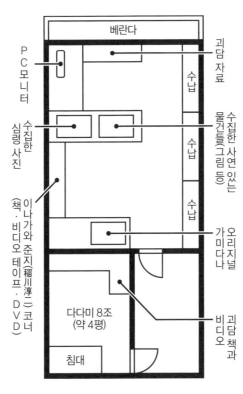

오컬트 수집가 다나카 도시유키의 집

　오컬트 수집가 다나카 도시유키田中俊行 씨는 고베神戸에서 활약하는 괴담 스토리텔러다. 다나카 씨의 콜렉션 중에서도 특히 눈에 띄는 것은 어느 자동 응답기 음원이다.

　이 음원은 다나카 씨가 SNS에서 발견했다.

　"기묘한 메시지가 자동 응답기에 남아 있어서 기록한 것입니다. 이 기분 나쁜 메시지를 누군가 가져가주셨으면 합니다."

　다나카 씨는 이 글을 보고 메시지를 보내서 음원을 받았다. 그 순간 해당 글을 올렸던 계정이 사라졌다고 한다. 문제의 음원은 두 건의 자동 응답기 메시지를 녹음한 것이었다.

　"첫 번째 메시지입니다. 5월 ○일…보고 싶어…신고シンゴ 보고 싶어…응애, 응애…에에…응애…응애…헉헉…응애…으애앵…으애앵…."

　"두 번째 메시지입니다. 5월 ○일…신고 돌아와…신고가 갈지도 모르니 조심해…쇼ショウ도 갈지도 모르니 조심해…."

　등장인물은 세 명이다. 어머니인 것 같은 여성과 아기, 그리고 뒤에서 헉헉 숨소리를 내는 남성의 목소리로 유추할 수 있다.

"신고"란 대체 누구일까? 메시지의 목적은 무엇일까? 아기 울음
소리는 대체 왜 나는 것일까? 두 번째 메시지의 "신고가 갈지도 모
른다"와 "쇼도 갈지도 모른다"는 대체 어디로 간다는 말일까? 의
미를 알 수 없는 기분 나쁜 음원이었다.

다나카 씨는 고치高知의 괴담 행사에서 이 음원을 선보였다. 너무
기분 나쁜 음원이어서 그런지 행사장이 조용해졌다. 음원을 듣고
난 후 음향 스태프가 무언가를 알아차렸다.

"남자가 뭔가 얘기하는데요?"

첫 번째 메시지 중반쯤 아기 울음소리가 계속되는 가운데 남자
가 어떤 말을 했다는 것이었다.

그리고 해당 부분을 추출해서 다시 들어봤다.

"…죽였으니까…."

행사장이 소란스러워졌다. 남자는 분명히 "죽였으니까"라고 중
얼거리고 있었다. 스태프는 더 잘 들리도록 해당 부분을 편집해서
반복적으로 재생했다.

"죽였으니까…죽였으니까…죽였으니까…죽였으니까…."

몇 번을 들어도 꺼림칙한 메시지였다.

다음 날 그 음향 스태프에게 이상한 일이 일어났다. 아침부터 왠
지 모르지만 여러 사람으로부터 전화가 왔다. 게다가 전화를 건 이
유가 모두 다 같았다.

"어젯밤에 전화했어?"

전혀 기억이 나지 않았지만 발신 이력을 확인하니 행사가 끝난

늦은 밤에 스무 명이 넘는 지인에게 전화를 걸었다는 사실을 알 수 있었다. 아침부터 전화가 온 것은 심야에 걸었던 이 전화 때문이었다.

*

다나카 씨는 이 음원을 다카마쓰高松의 괴담 행사에서 선보이기로 했다.

"고치에서는 이 음원을 재생했을 때 여러 가지 이상한 일이 일어났어요."

행사 초반부터 이렇게 설명을 한 상황이었다. 하지만 막상 음원을 재생하려고 하자 음원 파일이 사라지고 없었다. 리허설에서는 다나카 씨의 컴퓨터에서 아무 문제없이 재생됐는데 행사 도중에 갑자기 음원 파일이 사라진 것이었다. 결국 그날 행사에서는 자동 응답 메시지를 선보일 수 없었다.

물론 집에 있는 컴퓨터에는 복사한 파일이 남아 있었다. 하드디스크에 저장해놓는 것만으로는 불안하니 백업용으로 CD에도 복사해놓았다. 그리고 다나카 씨만 보관하고 있으면 또 다시 갑자기 사라질 위험이 있기 때문에 친구인 겐타로健太郎(예명은 공포신문 겐타로恐怖新聞健太郎. 가가와香川 현에서 활동하는 괴담 스토리텔러) 씨에게도 CD로 복사해서 한 장 맡겨놓았다.

그런데 이번에는 겐타로 씨의 CD가 사라져버렸다.

195

몇 달 후 겐타로 씨는 중학교 시절 동급생으로부터 연락을 받았다.

"너 옛날에 무서운 얘기 좋아했었지? 집에서 기분 나쁜 CD를 발견했는데 가져갈래?"

겐타로 씨는 약 10년 만에 동급생을 만났다. 동급생의 집에 CD를 가지러 간 겐타로 씨가 들은 음원은 바로 다나카 씨가 준 그 음원이었다. CD도 다나카 씨가 준 것과 똑같았다.

이 음원과 관계된 사람들은 이처럼 종종 설명할 수 없는 현상을 겪고 있다.

제3장

지방의 사고 부동산

묵어서는 안 되는 호텔

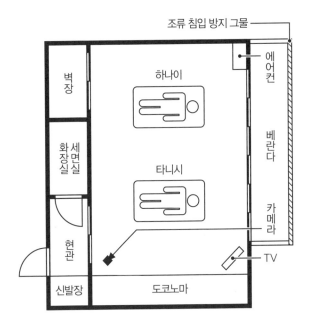

　나는 매주 기타노 마코토北野誠 씨가 진행하는 라디오 프로그램에
출연한다. 그 프로그램 앞으로 온 한 통의 메일에서 나를 지목했다.

　"지난번 출장 때 사가佐賀 현의 한 호텔을 예약했습니다. 도착해
보니 접수처에 있는 할머니의 머리에는 비듬이 가득해서 정말 기
분이 나빴습니다. 덜컹거리는 엘리베이터는 금방이라도 떨어질 것
같았고요. 방 안의 다다미에는 알 수 없는 얼룩이 가득했고 걸음을
뗄 때마다 끼익끼익 소리가 났습니다. 호텔을 잘못 골랐다고 후회
하며 다시 예약 페이지를 확인해보니 평가 부분에 〈다시는 가고 싶
지 않습니다〉, 〈절대로 묵어서는 안 된다〉, 〈숙박하면 후회한다〉,
〈밤중에 발소리가…〉 등의 글이 남겨져 있었습니다. 결국 무서워
져서 숙박을 취소하려고 짐을 들고 다시 접수처로 내려가니 비듬
이 가득한 할머니가 물었습니다. "방에서 무언가를 봤나요?" 그 질
문에 '무언가라니?' 하고 생각하며 일단 숙박을 취소하고 다른 호
텔에 묵었습니다. 그 호텔에는 분명히 무언가 있습니다. 타니시 씨
가 꼭 묵었으면 합니다."

마코토 씨는 메일을 읽은 후 내게 말했다.

"타니시 씨가 한번 다녀와."

*

7월 초순 나는 후배 하나이와 함께 사가 현으로 향했다. 목적지는 메일에서 언급한 그 호텔이었다.

날씨는 안타깝게도 폭우가 내렸다. 하나이와 함께 오사카부터 차를 타고 약 한 시간 반을 달려 비와호 대교琵琶湖大橋를 건넜다.

일본에서 가장 큰 호수인 비와호를 연결하는 비와호 대교는 다리 전상이 1,400미터로 1964년에 개통된 교통시설이지만 투신자살이 끊이지 않아 심령 스폿으로도 유명하다.

"다리 위에서 비와호를 내려다보면 사자의 망령에게 붙잡힌다", "다리 아래 보행자용 터널에 여자 귀신이 나타난다" 등 다양한 무서운 이야기가 있는 곳이었다.

호텔에 도착한 것은 밤 10시 30분이었다. 해가 져서 전체적인 외관은 파악하지 못했지만 상당히 큰 호텔인데다 분위기도 있었다.

"실례합니다."

할머니 대신 깔끔하게 정장을 차려입은 청결한 느낌의 남성이 나타났다.

엉터리 제보였나? 멀리 오사카에서 찾아왔는데 평범한 비즈니스 호텔에서 후배와 묵게 될 판이었다.

방 열쇠를 받고 엘리베이터로 안내를 받았다. 우리 방은 10층인 듯했다.

"덜컹!"

큰 소리를 내며 엘리베이터 문이 닫혔다.

"끼기기긱, 덜컹, 덜컹, 덜컹, 덜컹…."

엘리베이터는 이상한 소리를 내며 10층으로 올라갔다. 메일에 적혀 있던 대로 "당장이라도 떨어질 것 같은 소리"였다.

방에 들어가자 확실히 느낌이 좋지 않았다.

"끼익, 끼익."

다다미 위를 걸으면 소리가 났다. 게다가 얼룩도 있었다. 다다미 뿐만 아니라 벽에도 얼룩이 잔뜩 있었다. 그리고 에어컨이 고장 난 상태였다. 에어컨 밑에는 수상한 메모지가 붙어 있었다.

> 외출 시 사고 방지를 위해 에어컨은 반드시 끄시기 바랍니다.

의미를 알 수가 없었다.

"베란다로 가보죠."

하나이의 말을 듣고 창을 열자 이유를 알 수 없는 조류 방지 그물이 설치되어 있었다.

묘한 위화감이 느껴졌다. 역시 여기는 무언가 사고가 발생한 곳이 아닐까?

시험 삼아 사고 부동산 공지 사이트인 '오시마 테루'를 확인해봤

201

다. 이 호텔 주소를 입력하고 검색하자 해당 결과가 표시됐다. 역시
이 호텔에서 누군가가 죽었다.

19○○년 ○월 ○일

사가 현 ○시 ○정町 ○○ 10층

투신자살

투신자살. 게다가 10층. 우리가 묵고 있는 방도 10층이었다. 어
쩌면 이 방일지도 모른다.

그런데 굳이 투신자살 사건이 발생한 방에 고객을 숙박시키는
걸까?

여름방학도 아닌 평일이니 다른 빈방도 많을 텐데 말이다.

접수처의 남성은 고객을 괴롭히기 위해 일부러 그런 방을 준비
할 사람 같지는 않았다. 하지만 사람은 외모로만 판단할 수는 없으
니…라고 생각하던 찰나 하나이가 말했다.

"타니시 씨, 이 베란다에 있는 그물 혹시 자살방지용 아닐까요?"

나 또한 처음 봤을 때부터 그렇게 생각하고 있었다. 한 번 더 창
문을 열었다.

그리고 그물 너머로 옆방 베란다를 봤다…. 그물이 없었다.

반대편을 보니 역시 그물이 없었다. 그물이 설치된 방은 우리가
묵고 있는 이 방뿐이었다.

"이거… 진짜로 이 방에서 뛰어내렸을 수도 있겠는데…."

　하나이와 나는 방에 고정 카메라를 설치한 채 잠들기에는 시간
이 조금 일러 근처에 있는 심령 스폿을 방문하기로 했다(이 이야기
는 뒤에 이어서 나온다).

＊

　새벽 3시에 호텔로 돌아와 고정 카메라 영상을 확인했다. 아쉽게
도 특별한 영상은 없었다. 다시 카메라를 설치하고 이번에는 둘이
잠든 모습을 촬영하기로 했다. 동이 트기 전에 우리는 잠이 들었다.
　"끼익, 끼익, 끼익."
　다다미를 밟는 소리가 들렸다.
　'하나이가 화장실에 갔나?'
　눈을 뜨자 방에는 아무도 없었다. 역시 하나이가 화장실에 가는
소리라 생각하고 다시 눈을 감았다.
　"끼익, 끼익, 끼익."
　다시 소리가 들렸다. 화장실에서 돌아온 것치고는 묘하게 빨랐다.
그리고 화장실 문을 여닫는 소리가 들리지 않았다. 좋지 않은 예감
이 들었다. 이 소리는 후배 하나이의 발소리가 아닐지도 모른다.
　조심조심 눈을 떴다. 아무도 없었다. 아무도 없었지만 "끼익, 끼
익"거리는 소리는 계속됐다.
　소리는 차츰 작아지다 이윽고 완전히 사라졌다. 모습을 볼 수는
없었지만 발소리의 주인은 이 방을 찾아왔다. 긴장이 풀린 나는 그

203

대로 잠이 들었다.

*

다음 날 아침 밝은 빛에 눈을 떴다. 성격이 꼼꼼한 하나이는 이불에서 조금도 빠져 나오지 않은 채 담요를 덮고 새근새근 자고 있었다. 나는 어젯밤 있었던 일을 떠올리고 급하게 카메라를 확인했다. 어쩌면 카메라에 발소리의 주인이 찍혔을지도 모른다.

하지만 카메라는 새근새근 자는 두 사람의 모습만 찍혀 있었다.

"끼익, 끼익" 소리도 확인할 수 없었다.

'…응? 이상한데?'

영상에는 둘이 자는 모습만 찍혀 있었다. 이상했다. 하나이는 화장실에 가지 않았다. 내가 밤에 눈을 떴을 때 방에는 아무도 없었다. 분명 그때 하나이의 모습은 찾아볼 수 없었다. 그러나 영상에서는 아침 해가 뜰 때까지 둘이 이불 속에서 잠을 자고 있었다.

일단 하나이에게 어젯밤 일을 물었다.

"눈 뜨니까 아침이던데요."

*

오전 10시에 체크아웃을 했다.

어젯밤에 본 젊은 남성이 접수처를 담당하고 있었다. 현관을 나

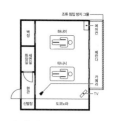

서서 밝은 호텔을 보니 꽤 오래된 건물이라는 것을 알 수 있었다.

그리고 10층을 보니 역시 우리가 묵은 방 베란다에만 초록색 조류 방지 그물이 설치되어 있었다. 역시 저 방에서 투신자살 사건이 있었던 걸까? 그런데 우리는 왜 저 방에서 묵어야 했을까? 안타깝게도 접수처 남성에게 물을 용기가 나지 않았다.

"어? 저 방 이상하지 않아요?"

하나이가 손으로 가리켰다.

"그러니까. 우리가 묵은 방만 그물이…."

"아니요. 우리가 묵은 방 왼쪽으로 세 번째 두 층 아래에 있는 방을 보세요."

"아!"

하나이가 가리킨 방은 그물이 아니라 쇠창살이 설치되어 있었다.

쇠창살이 설치된 방

오츠카 단지

오츠카 단지
부지

살인사건
현장 간판

묘지

묘지 · 전염병 화장터 간판

본샤쿠지

'묵어서는 안 되는 호텔'(198페이지)에 도착한 후 짐을 놓고 근처 심령 스폿을 방문했을 때의 이야기다.

밖에는 폭우가 퍼붓고 있었다. 하나이와 나는 새벽 0시에 호텔을 나와 다시 차를 탔다. 목적지는 오츠카 단지였다.

90년대 후반 사가 현 오츠카大塚 단지라 불리는 곳에서는 이상한 사건이 많이 발생했다. 갑자기 단지에 거주하던 주민이 모두 사라졌고 일주일 후 근처 숲에서 노파의 시체가 발견됐다. 그로부터 일주일이 지난 후 행방불명된 단지 거주민 중 한 명이 자살했다.

이러한 정보들은 어디까지나 소문이었지만 이 소문이 계기가 되어 오츠카 단지는 심령 스폿으로 유명해졌다. 그 후 담력 체험을 하러 온 대학생 그룹 중 한 명이 어느 남성에게 일본도로 참혹하게 살해당했다는 소문도 있었다.

가로등 하나 없는 논길을 지나 어두운 산길로 들어갔다.

"아마 여기쯤이었던 것 같은데."

"아, 뭔가 간판이 있어요."

갑자기 눈앞에 빨간 글씨가 나타났다. 헤드라이트를 비추자 간

판에는 이렇게 적혀 있었다.

> 살인사건 현장 2000년 6월 26일 이 부근 화전 밭에서 살인 및 시체 유기 사건 발생. 사람이나 차량을 목격하신 분은 협조 바랍니다.
>
> 히가시오미東近江 경찰서 수색본부

시대에 약간의 차이가 있긴 하지만 실제로 살인사건이 발생했던 곳이었다. 우리는 긴장감이 고조되는 것을 느꼈다.

천천히 달리다보니 몇 초 후 또 하나의 간판을 발견했다.

> 오카모토岡本 묘지 150미터 앞 →
> 전염병 화장터 850미터 앞 →

묘지는 알겠다. 전염병도 무슨 의미인지 알겠다. 하지만 화장터? 전염병 환자의 사체를 화장한 장소를 말하는 것일까? 어쨌든 근처에 주차를 하고 화살표 방향으로 걸어가기로 했다.

나중에 조사하며 알게 된 사실에 따르면 오츠카 단지 지역은 메이지明治 시대에 콜레라가 유행했던 곳이라고 한다. 이때 격리된 전염병 환자들이 사망한 후에 이곳에서 화장됐다.

*

폭우가 그치지 않는 가운데 차에서 내렸다. 이때 심각한 실수를 저질렀다는 사실을 깨달았다.

너무 어두워서 걸어갈 수가 없었기 때문이다. 우리는 이럴 때 필요한 손전등을 두고 왔다.

"어쩌죠? 그냥 돌아갈까요?"

하나이는 그렇게 말했지만 여기까지 왔으니 가야 했다. 그나마 우리가 가지고 있는 불빛이라면 하나이의 스마트폰 라이트뿐이었다.

여기서부터 나는 라이트를 켜고 스마트폰으로 동영상을 촬영했다. 이 동영상을 인터넷으로 실시간 스트리밍하면 내가 깨닫지 못한 괴이한 현상을 영상을 보는 사람들이 찾아낼지도 모르기 때문이다.

암흑과 폭우 속에서 간판이 가리키는 방향으로 걸었다. 보이는 범위는 스마트폰 라이트의 빛이 닿는 반경 1미터 정도에 불과했다. 빗발은 점점 거세졌다. 신발에도 빗물이 스며들어 걷기 시작한 지 5초가 지난 시점에서 이미 포기하고 싶은 마음이 가득했다.

3분 정도 걸어갔을 무렵이었다. 헛간 같은 건물이 보였다. 안을 들여다보니⋯ 나무통이 눈에 들어왔다.

"무덤에 물을 뿌릴 때 쓰는 통이네."

이 말을 한 순간 달콤한 향이 코끝을 스쳤다. 어디선가 맡아본 향이었다.

210

"어, 지금 향냄새 나지 않았어요?"

하나이가 입을 열었다. 분명히 향내와 비슷한 냄새였다.

"맞아. 달콤한 향이 났는데. 너도 맡았어?"

"저희 집 향이 아마 이런 향이었던 것 같아요. 이거 분명히 향내 맞아요."

"아니 근데 잘 생각해 봐. 이렇게 비가 오는데. 게다가 한밤중인데 이 시간에 향내가 날 리가 없잖아."

그 순간 하나이가 소리를 질렀다.

"지금 저랑 타니시 씨 사이를 흰 빛이 스윽 지나갔어요."

'빛? 아니, 어쩌면 연기가 아닐까? 향 연기…'

나는 카메라로 내 얼굴을 찍으며 방금 있었던 일을 설명하고 있었다. 그때 화면 왼쪽 아래에 한순간이지만 무언가가 나타난 듯했다.

"어, 지금 화면 왼쪽 아래에 얼굴 비슷한 게 찍힌 것 같았는데… 착각이겠죠."

착각이 아니었다. 스마트폰 화면에 명백히 이쪽을 노려보는 것 같은 사람 얼굴이 찍혀 있었다. 즉 내 오른편 뒤쪽에 누군가가 아니 무언가가 나타났다는 말이다.

새벽 2시. 날씨는 폭우. 어둠으로 이어진 길. 그리고 옆에 누군가가 있을지도 모른다는 공포….

"오늘은 이만 돌아갈까."

하나이는 이 말을 기다린 듯했다.

차에 돌아가 방금 전에 찍은 영상을 확인했다. 약 한 시간 동안

211

촬영한 영상의 39분 58초에 명확하게 찍혀 있었다. 앞머리로 오른쪽 눈을 가린 누군가가 나를 노려보는 왼쪽 눈이⋯.

*

 그 후 다시 한 번 오츠카 단지에 잠입을 시도했으나 이미 폐허는 사라지고 태양광 발전소가 들어선 후였다.

(좌) 살인은 소문이 아니었다. 실제로 발견한 목격자를 찾는 간판.
(우) 영상에 찍혀 있던 노려보는 것 같은 의문의 왼쪽 눈.

메마이 센터

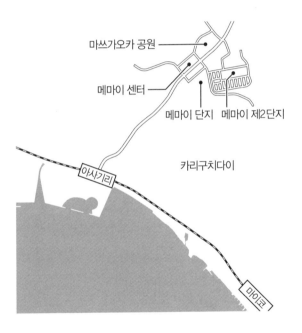

마쓰가오카 공원

메마이 센터

메마이 단지 메마이 제2단지

아사기리

카리구치다이

마이코

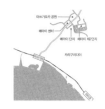

한 괴담 이벤트에서 같은 지역 출신인 출연자가 고베에 있는 마이코舞子에 관한 이야기를 시작했다.

"마이코에 있는 메마이明舞 단지는 진짜 위험해요. 거기는 자살 사건이 정말 많거든요."

내가 마이코 출신이라는 사실을 알리자 그는 메마이 센터에 있는 사당에 관해 말하기 시작했다.

"그러면 메마이 센터 앞에 있는 사당 아시죠? 그 사당이 근방에 자살하는 사람이 너무 많아서 세운 사당이에요."

모르던 사실이었다. 그런 유래가 있다면 다시 한 번 사당을 보러 가야겠다. 나는 오래간만에 본가로 돌아가 메마이 센터를 방문했다.

*

내가 다니던 학군에는 메마이 단지가 있었고 메마이 센터는 그 단지 입구에 있는 쇼핑센터였다. 나는 항상 쇼핑을 하러 가는 어머니를 따라 메마이 센터에 가서 드래곤볼이나 건담 카드, 20엔짜리 뽑기를 사곤 했다.

카드나 뽑기로 한참 놀고 나서 버스 정거장 앞에 있는 벤치에 앉아 엄마를 기다렸다. 이 버스 정거장 옆에는 사당 같은 것이 있었다. 나는 분명히 그 사실을 기억하고 있다.

20년 만에 방문한 메마이 센터는 이전 해에 폐쇄되어 폐허가 된 상태였다.

어릴 때 봤던 사당은 지금도 남아 있었다. 그 옆에는 '유래'라고 적힌 간판이 세워져 있었다. 어릴 때는 전혀 눈치 채지 못했던 간판이다.

유래

다루미垂水에는 고대 조몬繩文시대부터 사람들이 정착해 거주했고 가리구치다이狩口台 일대에는 야요이弥生시대 호족들의 무덤이 많았습니다. 하지만 1965년 메마이 단지 조성과 함께 대부분의 고분이 파괴됐습니다. 그 가운데 대표적인 고분 하나를 현재 마쓰다오카松が丘 공원 북서쪽에 복원해 모시고 있습니다. 이 돌은 고분석古墳石의 일부분이라 생각됩니다. 단지 입주가 시작된 후 20년의 세월동안 신기한 현상이 계속됐고 많은 분들이 경험했기 때문에 이렇게 수호해 왔습니다. 고분석을 받들어 이곳으로옮겨 진좌시키고 그 영을 정중히 애도하며 주민에게 안전과 가호를 주는 수호신으로 받들어 모십니다.

2014년 6월 길일吉日 기원 유지 일동

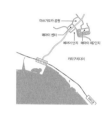

신기한 현상이란 아마도 자살일 것이다.

단지는 2018년에 철거됐다.

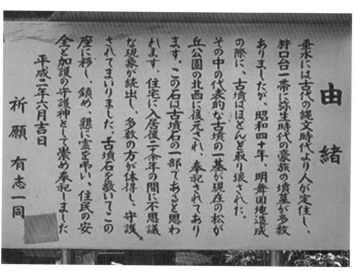

메마이 센터 버스 정거장 근처에 있는 사당의 유래

아사기리의 패밀리레스토랑

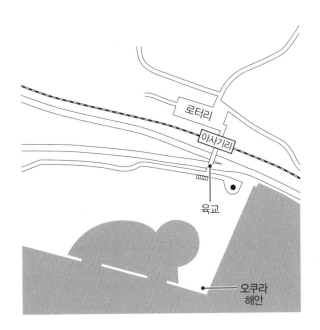

아사기리朝霧는 마이코 다음 역이다.

아사기리 역 앞에는 육교가 있고 이 육교를 건너면 바로 패밀리 레스토랑이 있다. 나와 동급생인 아오키青木 군은 스무 살 때 이곳에서 아르바이트를 했다.

이 패밀리레스토랑은 귀신이 자주 나오는 것으로 유명했다.

"삐로삐로링."

입구에서 손님 입장을 알리는 소리가 울리지만 모니터를 보면 아무도 없었다.

'또 기계 고장인가?'

이런 생각을 하고 있으면 안쪽에 손님이 들어갈 때 울리는 소리가 또다시 들렸다.

"삐로삐로링."

입구에서 안쪽까지 직선으로 걸어왔다는 것을 예상할 수 있는 타이밍이었다. 그리고 10초 후쯤에 두 번째 입장 벨이 울렸다. 대체 무엇이 들어왔던 것일까?

*

어느 날 이 패밀리레스토랑에서 함께 일하는 아주머니가 부족한 식재료를 가지러 역 반대쪽에 있는 같은 계열사 패밀리레스토랑에 가기로 했다.

아주머니는 디너 타임을 맞추기 위해 저녁 무렵에 나갔는데 한 시간이 지나도 돌아오지 않았다. 아오키 군이 역 앞의 육교에 올라가자 그 아주머니가 육교 입구 근처에 서 있었다.

"뭐하고 계세요?"

놀란 아오키 군이 말을 걸었다.

"방금 불꽃이… 불꽃이…."

아주머니는 그렇게 되뇌이며 그 자리에 서 있었다. 멍한 상태의 아주머니를 억지로 패밀리레스토랑으로 데려와 무슨 일이 있었는지 물었다.

"그게… 제가 재료를 가지러 가려고 했더니 갑자기 하늘이 어두워지고 불꽃놀이를 하는 소리가 들려서… 펑, 펑, 펑 하면서…."

그 소리와 동시에 정신을 차리니 육교에는 사람이 넘쳐났고 숨을 쉬지도 움직이지도 못하는 상태가 되었다고 한다.

이 육교는 17년 전에 불꽃놀이로 인한 사고가 발생한 장소였다. 해안에서 열리는 불꽃놀이를 관람하기 위해 10만 명이 넘는 관객들이 아사기리 역에서 내렸는데 육교 위에서 인파 이동이 정체되는 바람에 사람들이 우르르 넘어졌고 이로 인해 사망자까지 발생

한 안타까운 사고였다.

이 사고의 위령비는 지금도 육교 입구에 있다. 아주머니는 마침 그 위치 부근에서 움직이지 못하는 상황이었다고 한다.

*

그 후 아오키 군은 동급생인 시미즈淸水 군과 오래간만에 만나 아사기리 역 근처의 커피숍에서 커피를 마셨다. 아오키 군은 돌아가는 길에 아사기리 역을 향해 걸어가다 문득 그 아주머니 이야기가 떠올라 시미즈 군에게 말했다. 그러자 시미즈 군의 스마트폰 알림이 울렸다.

"이런 타이밍에 스마트폰이 울리니까 무서운데."

시미즈 군이 농담을 하며 스마트폰을 확인하니 옆에서 말하고 있는 아오키 군이 보낸 메시지였다. 메시지를 확인해보니 알 수 없는 글자가 대량으로 나열되어 있었다고 한다.

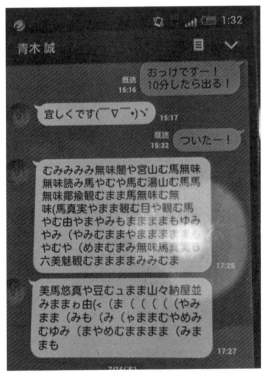

시미즈 군의 스마트폰으로 온 아오키 군이 보낸 메시지.

JR 고베선의 도시 전설

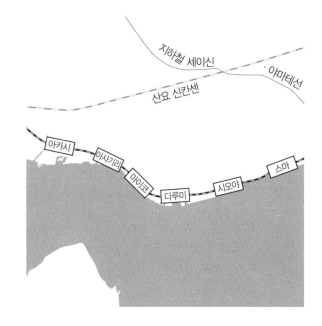

아사기리 역에서는 불꽃놀이 행사 사고 외에도 해안에서 생매장된 사고도 발생했다.

그 옆에 있는 아카시明石 역은 역 앞에 자살자가 많은 맨션이 있는 것으로 유명하다. 이 맨션은 20층 건물이며 세 개 동이 이어져 있다. 맨션 현관에 잠금장치가 설치되어 있지 않아서 아무나 드나들 수 있어 투신자살이 끊이지 않았다. 멀리서 죽기 위해 오는 사람도 많다는 이야기까지 있었다.

아카시에는 이 외에도 자살자가 속출해 유명해진 단지가 있다. 그 단지에 사는 지인의 말에 따르면 소문대로 한 해에 투신자살한 사람이 여섯 명이나 된다고 했다. 관리인 할머니는 시체에 익숙해져서 경찰이 도착하기 전에 물로 피를 닦아내고 현장을 청소할 정도라고 했다. 이 단지는 높은 지대에 있어 피사의 사탑처럼 보였다. 멀리서 보는 것만으로도 뭔가가 느껴지는 것일까? 구경꾼이나 자살자가 끊이지 않는 이곳에서는 반드시 같은 장소인 비상계단 12층에서 뛰어내리는 사고가 많다고 한다.

나도 이 단지의 수수께끼를 파헤치러 다녀왔다. 실제로 확인해

보니 안전 울타리가 낮았다. 게다가 더 안 좋은 점은 울타리에 움푹 파인 곳이 있다는 거였다.

그곳을 딛고 올라서면 금방 뛰어내릴 수 있다.

'확실히 죽기 쉽겠네.'

죄송스럽게도 그런 생각이 들었다.

＊

마이코 옆은 다루미垂水 지구다. 이 다루미에도 신기한 이야기가 많다. 나와 하나이가 도깨비불로 유명한 다루미 묘지에 한밤중에 찾아갔을 때 있었던 일이다. 차 한 대가 겨우 지나갈 수 있는 좁은 길 저편에서 경찰차가 다가오고 있었다. 동영상을 촬영하던 스마트폰을 숨기자 경찰차와는 반대쪽에서 다가오는 차량의 불빛이 커브 미러에 비쳤다.

경찰차는 무사히 그대로 지나갔지만 커브 미러로 보이던 차는 아무리 기다려도 오지 않았다. 대체 어디로 사라진 걸까?

다루미 묘지는 마치 버뮤다 삼각지대 같은 곳이다.

＊

다루미 옆의 시오야塩屋에는 방공호防空壕가 몇 군데 있다. 이 방공호에서 비디오를 촬영한 사람으로부터 영상이 모두 거꾸로 찍혀 있었다는 이야기를 들었다. 이상한 사람 그림자가 거꾸로 찍혀 있어서 마치 천장에 사람이 매달려 있는 것처럼 보인다고 했다.

그리고 시오야 옆의 스마須磨에는 연간 126명이 뛰어들고 67명이 사망했다고 알려진 철로 건널목이 있다.

*

이처럼 '아카시·아사기리·마이코·다루미·시오야·스마'에는 각 역마다 무서운 소문이나 이야기가 많다. 이 구간은 이상하게 철도 인명사고도 많다고 한다.

철도회사가 국토교통성에 제출한 문서를 바탕으로 2005년도부터 2014년도까지 10년간 노선별 자살자 수를 조사한 결과가 도요게이자이東洋經濟 온라인 뉴스로 보도됐다. 이 기사에 따르면 자살자 수는 도쿄 JR 추오中央선이 압도적인 1위였고, 수도권 밖에서는 JR 고베神戸선이 1위였다.

이 지역에는 이런 도시 전설도 있다. 인명 사고가 잦은 아카시~스마 구간의 앞 글자만 보면 어떤 문장이 떠오른다는 것이었다.

'아사기리·아카시·마이코·다루미·시오야·스마'

'아·아·마·다·시·스ああまたしす(아아, 다시 죽겠군.)'

아카시부터 스마 부근까지는 고분 지대다. 현대인들은 이 고분을 파내고 부숴서 그 위에 주택 단지와 선로를 만들었다. 다루미에서 스마까지는 일본 최초의 전국 규모 내란인 겐페이源平 전쟁을 치

렀던 지역이며, 많은 사람들이 목숨을 잃은 장소다. 도시 전설에도 무언가 이유가 있는 것일지 모른다.

휴게소의 노파

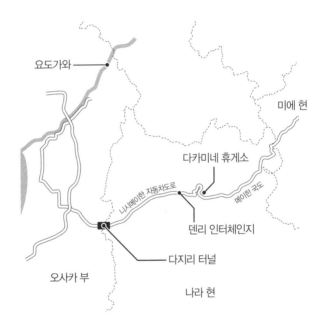

요도가와

미에 현

다카미네 휴게소

니시메이한 자동차도로

덴리 인터체인지

메이한 국도

다지리 터널

오사카 부

나라 현

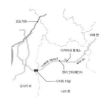

지금으로부터 약 20년 전 내가 중학생이었을 무렵의 이야기다. 동아리 아침 훈련을 위해 일찍 일어나 아침을 먹던 어느 추운 날 아침 스노보드를 타러 여행을 갔던 형이 현관문을 열고 흥분한 상태로 들어왔다.

"웬 할망구가 탔어. 말도 안 돼."

형은 며칠 전부터 기후岐阜 방면으로 친구 몇 명과 함께 스노보드를 타러 갔었다. 거기서 돌아오는 길에 뒷좌석에 앉은 A코가 화장실에 가고 싶다고 해서 나라奈良 현에 있는 다카미네高峰 휴게소에 정차했다. 시간은 새벽 4시가 넘어가고 있었다.

화장실에서 나온 A코는 서둘러 차 쪽으로 뛰어와 빨리 안으로 들여보내달라는 듯이 급하게 문을 열었다.

"저 화장실 분명 이상하다니까. 일단 입구에 소금을 담은 접시가 두 개나 있어서 엄청 찜찜했는데 세면대 쪽에서 할머니가 계속 손을 씻고 있는 거야. 그런데 내가 화장실에서 나와도 계속 손을 씻고 있어서 엄청 이상했어."

새벽 4시를 지난 한겨울의 세면대. 그리 크지도 않은 휴게소의 낡은 화장실은 온수가 나올 리 만무한데 노파는 계속 혼자서 찬물로 손을 씻고 있었다고 한다.

"이상하지 않아? 이 시간에 할머니 혼자서 계속 손을 씻고 있었다니까. 나 혹시 보면 안 되는 걸 본 거 아닐까?"

형은 흥분한 A코를 다독이며 출발했다. 뒷좌석에 앉은 친구 B가 A코의 이야기를 들어주고 있었다. A코는 화장실의 상황을 떠올리면 떠올릴수록 위화감이 선명해져서 말을 멈출 수 없는 상태였다.

"아무리 생각해도 그 할머니 이상해. 입고 있던 옷도 허름하고 얇은데다 생기도 없었어. 게다가 애초에 이 시간에 어떻게 거기까지 왔는지도 모르겠고 신발도 안 신고 있었던 것 같은데…"

형은 운전을 하며 A코 씨를 안심시키기 위해 뒷좌석을 향해 말을 걸었다.

"괜찮다니까. 우연히 화장실에 가려고 들른 걸 거야. 살아 있는 할머니라니까."

"…."

답이 없었다.

갑자기 뒷좌석에서 목소리가 들리지 않았다.

이상하다고 생각하면서도 A코랑 B 둘 다 피곤해서 잠이 들었나 보다 싶어 백미러로 뒤를 봤다. 그러자 뒷좌석의 두 사람 사이에 전혀 모르는 노파가 앉아 있었다.

형은 반사적으로 시선을 피했다. 그리고 바로 두 사람이 조용해진 이유를 깨달았다. A코와 B는 갑자기 자기들 곁에 나타난 노파

때문에 놀라 둘 다 그저 앞을 보며 굳어 있었다.

차 안에는 침묵이 이어졌다. 말을 하면 아마 이 상황이 다음 단계로 진행될 것이다. 그 공포로 인해 아무도 말을 하지 못했다.

형은 필사적으로 운전에 집중했다. 고속도로에서는 당황해서 핸들을 잘못 꺾기라도 하면 목숨이 위태롭다. 이 비상상태에서 사고만큼은 일으키지 않겠다는 마음으로 그저 앞만 보고 핸들을 붙잡았다.

그러나 잠시 후 카 오디오 소리가 뭉개지기 시작했다. 그리고 잡음에 섞여 "웅얼웅얼"거리는 낮은 소리가 들렸다. 무슨 말을 하는 건지는 알 수 없었다. 형에게는 뭉개진 불협화음과 함께 이해할 수 없는 낮은 목소리가 확실히 들려왔다. 그렇지만 형은 정신을 차리고 앞만 보고 운전에 집중했다.

'앞만 보고, 앞만 보고….'

더 기분 나쁜 느낌이 엄습했다.

자기 옆에 누군가가 있었다.

굳이 백미러를 보지 않아도 알 수 있었다.

뒷좌석의 노파가 몸을 반쯤 내밀고 이쪽을 바라보고 있었다. 정면을 향한 시야 왼쪽 아래 부분에 확실히 그 노파의 얼굴이 보였다.

'더는 안 되겠다. 더 이상은 제정신으로 있을 수가 없어.'

그렇게 생각한 순간… 노파가 사라졌다.

차는 어느새 터널로 들어섰다. 카 오디오도 원래 상태로 돌아왔다. 그리고 터널을 지난 후부터 노파는 더 이상 나타나지 않았다.

터널을 지나고 나서 A코가 입을 열었다.

"저 할머니였어…."

그 후 형은 A코와 B를 집까지 데려다주고 혼자서 집까지 운전하는 것이 두려워 전력을 다해 하마다 쇼고浜田省吾*의 노래를 부르며 돌아왔다고 한다.

그날 아침 나는 형이 방금 전에 겪은 일을 들은 것이다.

*

그날로부터 약 20년이 지났다. 나는 형의 체험을 검증하기 위해 2018년 1월에 다카미네 휴게소를 방문했다.

화장실은 몇 년 전에 리모델링을 했는지 그리 오래된 것처럼 보이지는 않았다. 하지만 구조가 조금 이상한데다 꽃병이 많이 놓여 있어 독특한 분위기를 풍겼다.

노파가 손을 씻던 여자 화장실에는 들어갈 수 없었지만 소금이 담긴 접시가 있었다는 입구는 확인했다. 내가 봤을 때는 접시가 놓여 있지 않았다.

돌아오는 길에는 형이 노파를 태우고 달렸을 메이한名阪 국도와 니시메이한西名阪 자동차도로를 똑같이 지났다. 이 길을 달리면서 알게 된 것은 다카미네 휴게소에서 첫 번째 터널인 오사카 부와 나

---

*   일본의 가수 겸 싱어송라이터.

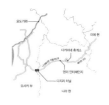

라 현 경계에 위치한 다지리田尻 터널까지 약 20분이 걸렸다는 점이다. 나는 그 길이를 알고 오싹해졌다.

어느 타이밍에 노파가 나타났는지는 알 수 없지만 아마 다카미네 휴게소에서 그리 멀지 않은 지점이었을 것이다. 그렇게 생각하면 형이 몰던 차에 노파가 15분에서 20분가량 탑승해 있었다는 말이다. 긴박한 비상사태에서 15분 이상의 체감 시간은 형에게 절망적일 정도로 길게 느껴지지 않았을까 생각한다. 그 상황에서 사고를 내지 않고 돌아오다니 정말 대단했다.

사실 메이한 국도는 '일본에서 가장 안전운전을 해야 하는 도로'라고 나라 현 경찰이 경고할 정도로 사고가 많이 발생한다. 다카미네 휴게소도 상행선 출입구 부근에서 사고가 자주 발생하기 때문에 2009년에 상행선만 폐지됐다. 게다가 근처에 일명 'Ω(오메가) 커브'라 불리는 급커브 구간도 있기 때문에 특히 사고가 많이 발생한다. 이 때문인지 도로 위를 배회하는 수상한 노인을 목격했다는 이야기도 많았다.

메이한 국도의 서쪽 끝인 덴리天理 인터체인지를 지나면 도로는 그대로 니시메이한 자동차도로로 이어진다. 이 도로를 타고 쭉 서쪽으로 가면 오사카와 나라의 경계인 다지리 터널이 보인다. 이 터널 입구에 서 있는 여성을 몇 대의 차가 통과해버리는 것을 목격했다는 체험담도 소문으로 들었다.

메이한 국도나 다지리 터널 모두 기묘한 목격담이 많이 떠도는 곳이다. 어쩌면 형 말고도 비슷한 체험을 한 사람이 있을지도 모른다.

산단베키

★ : 야간 진입금지 센서

립스틱 비석

커플을 목격한 장소   파출소

생명의 전화 부스

산단베키는 와카야마 현 시라하마초에 위치한 유명한 자연 경승지로 절벽이 유명한 곳이다.

전망대에서 절벽의 아름다운 풍경을 감상할 수도 있고 엘리베이터를 타고 땅 속으로 내려가면 산단베키 동굴이라는 해식 동굴도 관람할 수 있다.

커플이나 부부가 만지면 영원히 둘이 행복하게 살 수 있다는 이야기가 전해지는 '립스틱 비석'도 있다. 덕분에 최근에는 프러포즈에 딱 맞는 로맨틱한 장소로 알려져 연인들의 성지로 인정받고 있다고 한다.

하지만 산단베키는 심령 스폿이자 자살 명소이기도 하다.

'립스틱 비석'도 부모의 재혼으로 의붓남매가 된 두 사람이 용서받지 못할 사랑에 빠져 앞날을 비관하다 동반 자살한 사건에서 유래됐다. 비석에 새겨진 글은 여성이 립스틱으로 "시라하마의 바다는 오늘도 거칠기만 하다"라고 바위에 적은 유서를 바탕으로 한 것이다. 이 남녀는 사실 전혀 행복해지지 못했다.

산단베키에서는 매년 10명이 넘는 자살 사체가 발견된다고 한다.

'립스틱 비석' 앞에는 난간도 없는데다 망령들이 자살하려는 사람을 절벽에서 바다 속으로 부른다는 소문도 있다.

산단베키 동굴은 전국시대에 구마노熊野 수군이 숨겨진 요새로 사용한 역사적인 장소이며 동시에 심령 사진이 매우 잘 찍히는 장소로도 알려져 있다. 동굴 내에서는 한 차례 귀신 소동이 발생해 경비원이 도망친 사건도 있었다고 한다.

이런 산단베키에서 내 지인 오노다 씨는 실제로 자살 현장을 목격했다(182페이지). 나는 오노다 씨의 증언을 바탕으로 현장을 찾아가 낮과 밤에 걸쳐 두 차례 검증을 실시했다.

먼저 낮에 방문했다. 관광객들이 북적이는 산단베키의 풍광은 정말 아름다웠다. 하지만 야간에 출입이 금지되는 절벽 쪽으로 향하자 방금 전까지 들리던 사람들의 목소리나 파도가 바위에 철썩이는 소리가 갑자기 사라지는 무음의 영역이 있었다. 어느 바위와 바위 사이를 지나가자 귀가 울린다고 느낄 정도로 조용한 정적이 찾아왔다. 나는 이 현상이 매우 신기하게 느껴졌다. 무음 상태로 절벽 위에 서자 딱히 죽을 생각이 없음에도 불구하고 죽음에 대한 공포가 점점 사라지는 묘한 느낌에 사로잡혔다.

나는 여기에서 돌에 박혀 있는 철제 링을 발견했다. 이 링이 박힌 바위에서 아래를 내려다보자 절벽 바로 아래 돌이 튀어나온 부분이 눈에 띄었다. 그걸 보자마자 바로 '아, 여기라면 확실히 죽을 수 있겠다'라는 생각이 들었다.

60미터 높이에서 몸을 던져도 아래가 바다라면 살아남을 가능

성이 있다. 하지만 바로 아래가 바위라면 분명히 죽을 것이다.

이 철제 링이 박혀 있는 장소가 바로 오노다 씨가 목격한 자살 사건 현장이었다는 사실을 나중에 알게 됐다. 오노다 씨는 남성이 절벽에서 뛰어내린 후 구급대가 구명줄을 타고 절벽 아래까지 내려가 확인하는 모습을 지켜봤다. 이 바위에 박혀 있는 링은 바로 구급대가 구명줄을 걸기 위한 링이었다. 이 장소에 구명줄을 설치하기 위한 링이 있는 이유는 단순하다. 이곳이야말로 자살이 가장 많이 발생하는 위치였기 때문이다.

*

나중에는 밤에 산단베키를 방문했다. 밤의 산단베키는 낮과 달리 삼엄한 분위기였다. 바람 소리가 거칠었다.

이 바람 소리가 가끔 "여보세요…"로 들린다는 소문도 있었다. 그 목소리는 근처에 설치된 '생명의 전화 부스'에서 전화를 거는 여자의 유령이라는 이야기도 있다.

분명히 '생명의 전화'라고 적힌 전화 부스가 산단베키에 도착하기 바로 전에 설치되어 있었다. 밤중에 이 전화 부스를 보면 반투명인 여자가 전화를 걸고 있다는 목격담도 있다.

이 외에도 밤의 산단베키에 얽힌 이런 이야기가 있다.

출장으로 차를 타고 시라하마까지 온 회사원이 낮에는 업무로 바빴던 탓에 밤에 홀로 산단베키를 방문했다. 그런데 한 커플이 산단베키 절벽에서 데이트를 하고 있었기 때문에 방해하면 안 되겠다는 생각에 주차장으로 돌아갔다고 한다. 잠시 후 순찰을 돌던 경찰이 차창을 똑똑 두드렸다. 창문을 열자 경찰이 물었다.

"산단베키에서 남성을 목격하지 않으셨나요?"

회사원은 커플은 목격했다고 대답했다.

"아닙니다. 키가 크고 비싼 수트를 입은 남성입니다. 아까 절벽쪽으로 걸어가서 위험하다고 말을 걸었는데 사라져버려서요….'

경찰이 말을 걸었다는 남성의 복장이나 키는 회사원이 목격한 커플의 남성과 동일했다. 그 후에도 이 남성은 찾지 못했다고 한다. 이 회사원이 본 커플은 대체 누구였을까? 남자는 인간이고 여자는 귀신이었을까? 아니면 둘 다 귀신이었던 걸까? 진실은 알 수 없다.

나는 밤의 산단베키에 하나이와 니시네를 데리고 갔다.

새벽 2시를 넘은 시간이었고 사람은 아무도 없었다. 절벽 쪽은 밤에 출입이 금지되어 있고 절벽 근처로 가면 센서가 반응해 스피커에서 음성이 나온다.

"산단베키 방면은 출입이 금지되어 있습니다, 여러분. 진입하지 마시기 바랍니다."

우리는 깜짝 놀라 바로 되돌아왔다.

이번에는 반대편에서 절벽 쪽으로 가려고 셋이서 걸었다.

"꺄악!"

여성의 목소리였다. 하나이도 그 목소리를 들었다. 목소리가 들린 곳으로 서둘러 향했지만 안쪽은 출입이 금지되어 있기 때문에

더 들어갈 수 없었다. 그러자 저 멀리서 스피커가 작동했다.

"산단베키 방면은 출입이 금지되어 있습니다, 여러분. 진입하지 마시기 바랍니다."

그곳은 우리 외에는 아무도 없었다. 그 사이에도 거친 바람 소리는 계속됐다.

잠시 후 다시 스피커가 작동했다.

"산단베키 방면은…."

아무도 없는 산단베키…. 하지만 센서는 몇 번이나 반응했다.

R당

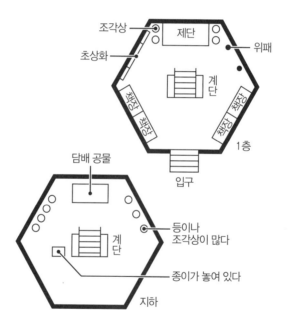

조각상
초상화
제단
위패
계단
책장
책장
책장
책장
1층
입구

담배 공물
계단
등이나
조각상이 많다
종이가 놓여 있다
지하

※ 2017년 2월 정보입니다. 현재는 출입이 금지되어 있습니다.

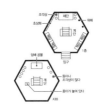

아이치愛知 현의 R당堂은 심령 스폿으로 유명하다. 이곳은 어느 공원 안에 있으며, 부자였던 남성의 무덤으로 알려져 있다. 나는 한밤중에 이곳을 방문했다.

R당 내부에 들어가자 담배를 피우고 있는 모습의 초상화가 줄지어 있었다. 아마도 무덤 주인의 초상화일 것이다. 헤비 스모커였던 걸까?

이곳 바닥에는 철판이 깔려 있고 그 철판을 열면 지하실로 이어져 있다는 소문을 들은 적이 있다. 실제로 철판을 열자 지하실로 이어졌다. 계단을 내려가자 제단이 보였고 그곳에는 대량의 담배가 있었다.

"엄청나네."

무심코 그렇게 말하고 바닥을 봤다. 그러자 "잘 돌아왔어"라고 적힌 종이가 놓여 있었다.

나는 갑자기 두려워져 공물을 바치고 돌아가기로 했다. 다른 사람들이 공물을 바치는 방식에 따라 담배를 한 모금 피우고 불을 끈후 향처럼 세웠다. 그러자 공기가 갑자기 깨끗하게 바뀐 것 같은

241

느낌이 들었다.

'공물을 바치길 잘했다.'

그렇게 생각하며 계단을 올라갔고 1층에서 밖으로 나갔다. 딱 새벽 2시 무렵이었다.

마침 대학생처럼 보이는 세 명의 젊은이가 담력 테스트를 하려고 이쪽을 향해 걸어오고 있었다.

대학생들이 한밤중에 나 혼자 이런 곳에 서 있는 모습을 보면 분명 엄청 무서울 것 같다는 생각이 들었다. 나는 이들을 배려하는 마음에서 "여기 있어요!"라는 표시를 하기 위해 손전등을 흔들어 신호를 보냈다.

세 젊은이의 목소리가 점점 가까워졌다.

"무서워! 엄청 깜깜해!"

그들은 흥분해서 떠들며 내 눈앞을 지나쳤다. 전혀 눈치 채지 못했다. 그들 눈에는 내가 전혀 보이지 않았다.

내가 사라졌다는 말이다. 공물로 바친 담배의 효과일까?

도고쿠 산

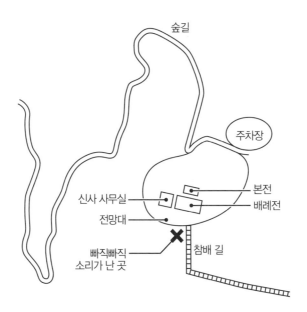

숲길

주차장

신사 사무실

본전

배례전

전망대

빠직빠직
소리가 난 곳

참배 길

우시노코쿠마이리丑の刻参り*에 사용된 못이 남아 있는 것으로 유명한 도고쿠東谷 산 신사를 홀로 찾아갔다.

산 정상에 자리한 이 신사에는 우시노코쿠마이리 외에 또 하나의 명물이 있다.

참배 길의 돌계단을 오르는 도중 상반신만 있는 할아버지가 등롱에서 슥 얼굴을 내밀고는 "해는 가하지 않겠습니다, 해는 가하지 않겠습니다"라고 말하며 쫓아온다는 소문이 있었다. 나는 이 할아버지에게 '무해한 할배'라는 이름을 붙이고 진짜로 나타나는지 알아보기 위해 홀로 나섰다.

한밤중의 산은 정말 컴컴하고 무서웠다.

'진짜로 무해한 할배가 있으면 끔찍할 것 같다.'

그렇게 생각하며 참배 길을 걸었다. 하지만 아무도 나타나지 않은 채 정상에 도착했다.

---

* 새벽 2시경에 몰래 신사 참배를 하면서 자기가 저주하는 사람을 본 딴 짚 인형을 신목에 못으로 박아 놓는 일.

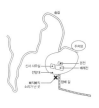

그렇다면 신사에서 짚 인형을 박은 못이라도 찾아볼까 생각하던 찰나에 신사 사무실이 눈에 들어왔다. 신사 사무실 벽에 나 있는 뚜렷한 손바닥 자국이 보였다.

"뭐야? 이거 장난인가?"

가까이 다가가 만져보니 아직 마르지 않은 상태였다. 마치 방금 전에 남겨진 것 같은 손바닥 자국이었다.

"왜 굳이 이런 짓을 하지? 누가 있나?"

갑자기 무서워져 서둘러 돌계단을 내려가려고 한 순간 "빠직빠직" 하는 소리가 들렸다.

동물일지도 모른다는 생각에 "팡!" 하고 손뼉을 치거나 "어이!" 하고 소리를 질렀다.

하지만 아무도 움직이는 기색이 없었다. 서둘러 참배 길을 내려가기 위해 먼저 움직인 순간 또 "빠직빠직" 하는 소리가 들렸다. 내가 움직이자 "빠직빠직"거리는 소리도 따라왔다.

속임수를 써서 참배 길을 내려가는 척했다가 다시 산 정상으로 돌아가자 이번에는 따라오지 않았지만 천천히 "빠직…빠직…" 하는 소리가 들렸다.

"이거 사람이 있는데…."

그 순간 더욱 무서워져 한달음에 참배 길을 내려왔다. 도중에 누가 나타나면 어쩌나 하는 두려움을 안고서 말이다.

우시노코쿠마이리는 한밤중에 누구에게도 들키지 않고 짚 인형을 신목에 못 박아야 한다는 규칙이 있다. 누군가에게 들키면 저주

가 이뤄지지 않기 때문에 목격한 사람을 죽여야 한다. 만약 내가
발각된다면 궁지에 몰린 누군가가 진심으로 나를 죽이려고 쫓아올
지도 모른다는 생각이 들었다. 나는 필사적으로 도망쳤다.

*

그 "빠직빠직"하던 소리의 주인은 정말로 우시노코쿠마이리를
하던 사람이었을까? 훗날 이 사실을 확인하기 위해 다시 한 번 도
고쿠 산의 현장을 방문했다.

그러자 "빠직빠직" 소리가 났던 곳에 못 자국이 있었다. 역시 누
군가가 있었다.

내 생각에 상대방도 발각되면 나를 죽여야 하니 필사적으로 눈
에 띄지 않는 어딘가에 숨어 있었던 것 같다.

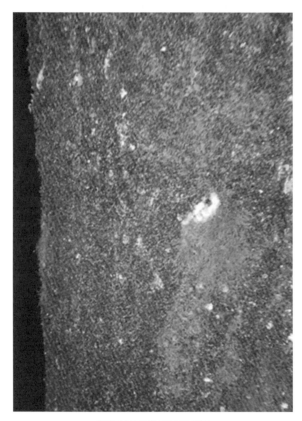

참배길 나무에 남겨진 못 자국

기요타키 터널

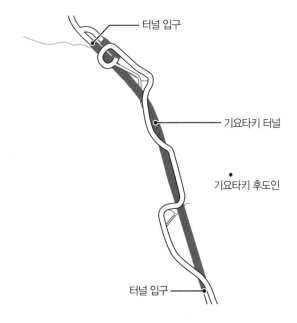

터널 입구

기요타키 터널

기요타키 후도인

터널 입구

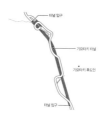

이 이야기는 대학생 지인인 가나메粟 군이 해준 것이다.

교토에서 가장 유명한 심령 스폿으로 알려진 기요타키淸滝 터널
은 '위에서 여자가 떨어지는' 전설 등으로 유명한 곳이다.

가나메 군도 "기요타키에 가보자"라는 가벼운 마음으로 대학생
친구들과 함께 낮에 자전거를 타고 기요타키에 가게 되었다고 한
다. 일행은 터널 입구에 자전거를 세우고 내부로 들어갔다. 하지만
딱히 아무 일도 일어나지 않은 채 출구에 도착했다. 그런데 그곳에
일행이 세워둔 자전거가 있었다.

"어? 어떻게 된 거야?"

이번에는 터널을 돌아가 입구에 도착하니 그곳에도 역시 자전거
가 세워져 있었다.

*

가나메 군이 이 이야기를 동아리 선배에게 하자 이번에는 선배
가 함께 밤에 가보자는 제안을 했다. 며칠 후 가나메 군과 선배는

밤에 차를 타고 출발했다. 어두운 터널 가운데서 경적을 울려봤지만 아무 일도 일어나지 않았다.

"아무렇지도 않네."

특별한 일이 일어나지 않아 가나메 군과 선배는 집으로 돌아가기로 했다. 둘은 집으로 향하는 도중 편의점에서 차를 세웠다. 그리고 커피를 사기 위해 가게 안으로 들어섰을 때 선배의 휴대전화가 사라졌다는 사실을 깨달았다.

"선배 혹시 기요타키에서 휴대전화 떨어트린 거 아니에요?"

"아니, 그럴 리 없다니까. 절대 안 떨어트렸어. 이상한 소리 하지 마."

둘이 가벼운 마음으로 장난을 쳤다.

하지만 여전히 휴대전화를 찾을 수 없었다.

"한번 전화 좀 걸어 봐."

"네."

가나메 군이 선배의 휴대전화로 전화를 걸자 첫 번째 수신음이 채 끝나기도 전에 누군가가 전화를 받았다. 그리고 아저씨 같은 목소리로 말했다.

"네놈들 기요타키에 갔지."

목소리는 다시 반복됐다.

"네놈들 기요타키에 갔지."

가나메 군은 놀라서 선배에게 휴대전화를 건넸다. 휴대전화를 받은 사람은 계속 같은 말을 반복했다.

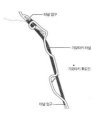

"네놈들 기요타키에 갔지. 네놈들 기요타키에 갔지. 네놈들 기요타키에 갔지…."

공포에 휩싸인 두 사람은 차로 돌아와서 선배가 앉아 있던 자리 아래에 떨어진 휴대전화를 발견했다.

"휴대전화는 찾았는데… 잠깐만. 더 무섭잖아. 방금 전화를 받았던 아저씨가 여기 있었다는 말이잖아."

가나메 군의 이야기를 들은 나도 기요타키 터널에 가보기로 했다. 하나이와 니시네도 함께였다.

그냥 걸어가면 재미 없으니까 니시네 혼자서 멜로디언을 들고 터널로 들어갔다.

니시네가 터널 중간쯤에 도착했을 때 내가 말했다.

"거기서 멜로디언을 연주해 봐."

내 말대로 니시네가 멜로디언으로 연주를 시작하자마자….

"꺅꺅, 꺅, 꺅꺅."

아이들의 목소리가 들렸다.

나는 터널 입구에서 보고 있었고 하나이는 반대편 출구에 서 있었다. 물론 터널 부근에 아이는 없었다. 나는 처음에 니시네와 하나이가 뭔가 얘기를 한다고 생각했다.

그 후 내가 상황을 파악하러 터널로 들어가자 니시네와 하나이가 하얗게 질린 채 출구에 서 있었다.

"아까 니시네가 무슨 얘기 하지 않았어?"

251

내가 묻자 니시네가 대답했다.

"아니에요. 멜로디언을 연주하니까 아이들 목소리가 들렸어요."

입구에서 내가 들은 것은 진짜 아이 목소리였다.

기요다키 터널에서 신기한 체험을 한 사람은 더 있었다.

작가인 가와나 마리코川奈まり子 씨도 취재를 위해 방문한 기요타키 터널에서 웅성거리는 사람들의 목소리를 들었다고 했다. 가와나 씨는 이 이야기를 괴담 이벤트에서 선보였다.

"터널이 길어서 거의 20분 이상 그 웅성거리는 소리를 들으면서 걸었어요."

웅성거리는 사람 목소리를 들은 것은 니시네와 같은 현상이다. 하지만 더 무서운 점은 20분 이상 그 목소리를 들었다는 것이었다. 기요타키 터널은 출구까지 가는데 5분도 걸리지 않는 곳이다.

가와나 씨는 도쿄 사람이기 때문에 기요타키 터널을 처음 방문했다. 그래서 정말로 긴 터널이라고 믿고 있었다.

가요타키 터널 입구에 있는 니시네와 나. 촬영자는 하나이다.

다키하타 댐

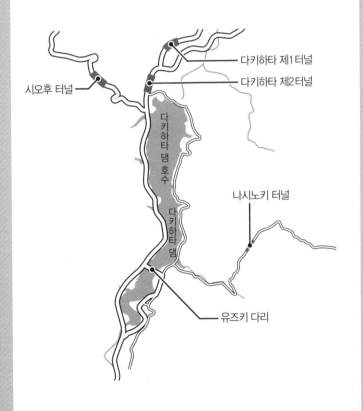

다키하타 제1터널

다키하타 제2터널

시오후 터널

다키하타 댐 호수

다키하타 댐

나시노키 터널

유즈키 다리

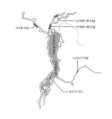

　오사카를 대표하는 심령 스폿으로 가장 유명한 곳은 다키하타滝畑 댐이다. 가와치나가노河内長野 시에 자리한 이 댐은 그 주변까지 포함해 너무나 많은 사연을 품고 있다.

　그중에서도 가장 유명한 스폿은 이 세 곳이다.

　댐 북서쪽에 위치한 '시오후塩降 터널'

　댐 남동쪽에 위치한 '나시노키梨の木 터널'

　댐에 설치된 '유즈키夕月 다리'

　먼저 소위 '다키하타 제3터널'로 알려진 곳이 이 시오후 터널이다. 목이 없는 라이더의 출현, 유리창에 남은 피 묻은 손자국, 걸어가는 소녀의 유령 등 '자주 듣는' 괴기 현상이 모두 나타나는 곳이 바로 이 터널이었다.

　다음은 또 하나의 터널인 나시노키 터널이다. 여기가 진짜 '제3터널'이라는 얘기도 있다. 경적을 울리면 여자아이 유령이 나타나 계속 따라다닌다는 이야기가 이 터널에 관한 소문이다. 그리고 터널에서 엔진이 멈추는 경우도 있다고 한다.

　마지막으로 유즈키 다리에서는 백발에 흰 기모노를 입고 기어

다니는 할머니가 엄청난 속도로 쫓아온다는 이야기가 있다. 그리고 과거에 몇 번이나 투신자살 사건이 있었다는 소문도 있다.

이 외에도 댐 주변에는 장난을 하면 반드시 저주를 받는다고 알려진 '세후쿠施福 절'과 여러 명의 그림자가 나타난다는 '목이 없는 지장보살들', 돌계단 위에서 여자가 손짓을 하는 '덴진샤天神社' 등 다양한 심령 스폿이 존재한다. 과연 심령 현상 테마파크라고 불릴 만하다.

다키하타 댐에 한번 가봐야겠다는 생각을 한 나는 2015년 여름에 후배 하나이와 함께 한밤중에 댐을 찾아갔다.

그날은 내비게이션 안내를 따라 나시노키 터널 입구까지 갔다. 하지만 폭주족이 뒤에서 위협하는 바람에 서둘러 돌아왔던 것으로 기억한다. 솔직히 말하면 귀신보다 무서웠다.

그 후 우리는 폭주족으로부터 도망치며 댐 주변을 빙글빙글 돌고 있었다. 이때 하나이가 내비게이션에 발생한 이상을 눈치 챘다.

"어? 우리 지금 댐 위를 달리고 있다는데요?"

이때 내비게이션에 표시된 현재 위치는 분명히 댐 위였다. 내비게이션 화면을 보면 마치 차가 공중에 떠 있는 것 같았다. 화면에서 지나온 길을 되짚어보니 우리가 탄 차는 유즈키 다리에 가기 직전에 우회전을 한 후부터 계속 댐 위를 달리고 있는 상황이었다.

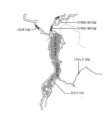

그로부터 약 1년 후.

2016년 5월에 바비큐를 하고 돌아오던 사람들 여섯 명이 탄 승합차가 댐에서 추락하는 사고가 발생했다. 다섯 명이 사망하고 한 명이 의식불명인 중태에 빠졌다.

현장은 폭 7미터인 왕복 일차선 도로로 오사카 부에서 관리하고 있었다. 승합차는 반대 차선으로 넘어가 도로 옆에 설치된 높이 19센티의 보도로 올라섰다. 그리고 그대로 약 15미터에 걸쳐 철제 난간을 쓰러트린 후 약 10미터 아래 호수로 추락한 것으로 보였다. 보도에는 수십 미터에 걸쳐 차량이 긁힌 흔적이 남아 있었고 오사카 부 경찰은 현장에 이르기 약 20미터 전쯤에 차량이 우회했다고 보고 있었다. 하지만 현장에서는 브레이크 흔적을 찾을 수 없었다고 한다.

이 사고 현장이 '다키하타 댐에 설치된 유즈키 다리 서쪽 끝에서 남쪽으로 약 10미터 위치에 있는 도로 부근'이며 우리가 방문했을 당시에 내비게이션이 댐 위를 달리게 했던 그 장소와도 일치한다. 즉 나시노키 터널에서 폭주족으로부터 도망쳐 댐 주변을 빙글빙글 돌던 그날 만약 내비게이션이 가리키는 길로 갔다면 우리는 이 사고 현장과 같은 곳에서 댐 아래로 추락했을지도 모른다.

*

우리는 승합차가 추락한 사고 현장을 다시 방문해 재검증을 해보기로 했다. 운 좋게도 이 날은 다키하타 댐 근처 주민이 현장까지 와서 안내를 해줬다. 이 분은 어릴 적부터 다키하타 주변에서 살았다고 한다.

"어릴 적 할아버지 집이 댐 근처에 있었어요."

이 지역은 과거에 '다키하타 마을'이라 불렸다. 다키하타 마을은 모두 일곱 개의 촌락으로 구성되어 있었다. 하지만 1972년 12월에 정식으로 댐 건설이 결정됐고 그 중 세 촌락과 그 주변 밭과 산림이 댐 호수 아래로 잠겼다.

"제가 어릴 적에는 자주 할아버지 집에 놀러갔었죠. 마침 이 부근에 마을로 내려가는 길이 있었습니다."

그 장소는 유즈키 다리에 도착하기 조금 전 바로 그 승합차 추락 사고가 발생한 현장이었다.

"첨벙!"

그때 차가 충돌한 것 같은, 혹은 댐에 빠진 것 같은 소리가 근처에 울려 퍼졌다.

하지만 실제로는 아무 일도 일어나지 않은 상황이었다.

"이런 소리가 꽤 자주 들려요. 무슨 소린지는 모르겠지만. 어쩌면 가라앉은 마을이 부르는 걸지도 모르죠. 그런 곳이에요, 여기가."

묘켄 산의 처형장

노마 터널

처형장

노세묘켄산
묘켄종 본산
혼타키절

노마구치 위령소

효고兵庫 현과 오사카 부 경계에 있는 묘켄妙見 산에는 '처형장'이
라 불리는 유명한 심령 스폿이 있다. 나는 이곳에 하나이와 둘이
다녀왔다.

나는 영적인 감각이 전혀 예민하지 않지만 이곳에서는 특이하게
도 어깨가 꽉 붙들린 것처럼 무겁고 어깨부터 쇄골까지 부위가 결
리는 경험을 했다.

"방금 여자 목소리가 들렸어요!"

하나이가 이렇게 말했을 때 나는 어깨에 심각한 통증을 느꼈다.
하나이는 뭔가 나올지도 모른다며 어둠 속에서 엄청나게 사진을
찍어댔다. 나중에 확인하니 이때 찍힌 내 얼굴은 이상하리만치 여
자아이처럼 나왔다.

*

처형장의 유래에는 여러 가지 설이 있다. 내가 들은 것은 노세能勢
가문과 다다多田 가문의 영지 다툼이 폭력 사태까지 이르러 도요토

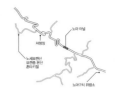

미 히데요시豊臣秀吉가 화해를 명했지만 양측 모두 이를 받아들이지 않았다는 이야기다. 결국 서로 영민을 열 명씩 차출해 참수했다는 이야기가 전해지고 있다. 즉 이때 참수를 한 장소가 바로 묘켄 산의 '처형장'이라는 전설이다.

처형장 사진을 찍고 돌아가려 할 때 근처 폐허에서 어두운 오렌지색 불빛이 들어온 것이 눈에 띄었다.

'누가 있는 걸까?'

하지만 아무리 봐도 폐허였다. 잠시 후 거기서 희미하게 노래가 들렸다.

새벽 세 시에 라디오라니….

겁먹은 우리는 차 창문을 굳게 닫고 서둘러 돌아가기로 했다.

"탁! 떼구르르르…."

소리가 들렸다.

"돌을 던졌어요!"

하나이가 깜짝 놀라 소리를 질렀다.

"잠깐만. 탁! 소리 들리고 나서 굴러가는 소리가 들렸지?"

돌은 차 밖이 아니라 차 안에서 던진 것이었다.

하지만 차 안에서 돌은 발견되지 않았다.

하얀 양말

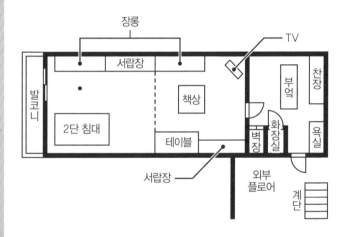

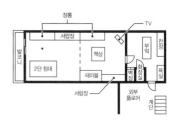

후지이 씨로부터 이런 이야기를 들었다.

"제 남동생이 어린 시절 혼자서 집을 볼 때 있었던 일입니다. 장난을 좋아하는 남동생은 장을 보러 간 엄마를 깜짝 놀라게 하려고 아이들 방 침대 아래에 숨어 있었다고 합니다.

잠시 후 현관문이 열리는 소리가 들렸습니다.

'엄마가 돌아왔구나!'

남동생은 그렇게 생각하고 엄마가 방에 들어오면 놀라게 하려고 숨을 죽인 채 기다리고 있었습니다. 이윽고 방문이 열렸고 침대 아래에서 남동생이 보니 하얀 양말을 신은 발이 오른쪽에서 왼쪽으로 지나가는 것이 눈에 들어왔습니다. 아이들 방 안쪽은 베란다입니다.

'이쪽으로 오면 놀라게 해줘야지.'

동생은 기다렸습니다. 하지만 다시 하얀색 양말을 신은 발이 오른쪽에서 왼쪽으로 스윽 지나갔습니다.

'어? 이상하다. 엄마는 분명히 베란다로 갔는데.'

그러자 다시 입구에서 스윽 하얀 양말이 지나갔습니다.

'어? 어어?'

또, 그리고 또 다시 오른쪽에서 왼쪽으로 하얀 양말이 스윽 지나가는 겁니다. 계속해서 몇 번이나 스윽. 또 다시 스윽. 스윽. 하얀 양말은 남동생 앞을 일곱 번이나 같은 방향으로 지나갔습니다.

'저건 엄마 발이 아니야….'

"철컥."

그때 현관문이 열리는 소리가 들렸습니다.

"다녀왔습니다."

엄마 목소리를 들은 동생은 바로 침대 아래에서 튀어나와 울면서 안겼다고 합니다."

후지이 씨가 말했다.

"동생이 그때 본 일곱 명의 양말. 그거 양말이 아니라 일곱 명의 미사키가 신는 다비足袋*가 아닐까요? 만약 그때 혹시라도 침대 밖으로 나왔다면 동생은 어떻게 됐을까요?"

*

일곱 명의 미사키는 항상 일곱 명이 함께 행동하는 망령이다. 만약 이들을 만나면 그 사람은 혼을 빼앗겨 일곱 명의 미사키 중 하나가 된다. 이때 선두에 있는 미사키가 성불하기 때문에 일곱 명의

---

* 일본 전통복장에 신는 전통양말.

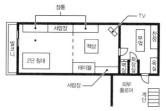

미사키는 영원히 일곱 명이고 더 늘지도 줄지도 않은 채 영원히 계속된다.

일곱 명의 미사키는 최강의 요괴다. 만나면 즉사하기 때문이다. 그 유명한 지옥선생 누베도 쓰러트리지 못했다(만화 속 이야기지만).

일곱 명의 미사키의 기원을 찾아보니 단순한 픽션으로 치부하기에는 어려운 깊은 역사가 있었다.

아즈치모모야마安土桃山 시대에는 현재의 고치高知 현에 해당하는 도사노쿠니土佐国를 조소카베 모토치카長宗我部元親가 다스렸다. 하지만 모토치카의 적자가 전사하자 후계자 다툼이 일어났다. 가신인 기라 치카자네吉良親実는 차남을 추천했고 사남을 추천한 측근 히사타케 치카나오久武親直와 대립했다. 히사타케는 모토치카에게 "기라는 조소카베를 빼앗으려는 심산이다"라고 참언했다. 이를 믿은 모토치카는 기라에게 할복자살을 명했다. 이때 기라의 가신 일곱 명도 함께 죽음을 맞이했다.

이후부터 도사노쿠니에서는 다양한 괴이 현상이 일어나기 시작했다.

기라가 할복자살한 고다카자카小高坂의 저택 터나 기즈카야마木塚山에 있는 기라의 묘에 밤마다 도깨비불이 나타났고 고다카자카에서는 목이 없는 일곱 무사가 백마를 타고 달렸다. 이를 본 많은 사람들은 고열에 시달리다 사망했다고 한다. 한편 기라를 할복자살하게 만든 히사타케는 여덟 명의 자식이 차례로 미쳐서 일곱 명이 죽었고 부인도 비탄에 잠겨 자해를 했다고 한다.

265

이로 인해 기라와 일곱 가신의 원령이 '일곱 명의 미사키'라 불리게 됐고(기라를 포함하면 여덟 명이기 때문에 여덟 명의 미사키라 불리기도 한다), 도사노쿠니 사람들에게는 두려움의 대상이 됐다고 한다. 그래서 옛날에는 원인을 알 수 없는 병으로 사람이 죽으면 흔히들 "일곱 명의 미사키를 만났다"라고 말하게 됐다.

*

후지이 씨의 '하얀 양말' 이야기를 듣고 나는 일곱 명의 미사키에 관해 조사를 했다.

'지금 시대에 이런 요괴의 소행 같은 일이 실제로 일어나려나?'

보아하니 각지에 일곱 명의 미사키에 관한 전승 설화가 있는 듯했고 그중 가장 유력한 설이 이 도사노쿠니·고치 현이 발상지인 기라 치카자네의 이야기인 것 같다. 아마 '한 명 죽이고 한 명이 성불하는' 시스템은 다양한 전승 설화가 섞여 진화한 것으로 보인다.

*

어느 날 나는 고치에서 열린 행사에서 일곱 명의 미사키에 관한 이야기를 하고 나서 이렇게 마무리 지었다.

"조소카베 모토치카는 원령을 두려워했지만 훗날 기라 치카자네의 무덤을 기즈카묘진木塚明神으로 받들어 화를 잠재우려 했습니다.

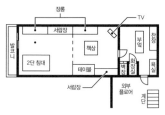

그곳이 바로 이 행사장에서 30분 정도 서쪽으로 간 곳에 자리한 기라 신사입니다.”

이 말을 마친 순간 스피커에서 알 수 없는 목소리가 엄청난 음량으로 울려 퍼졌다.

“무슨 용건이시죠?”

너무 큰 음량과 기가 막힌 타이밍 때문에 행사장에서는 비명 소리가 들렸다.

‘설마 일곱 명의 미사키가 나타났나?’

정신을 차리니 음향 부스에서 스태프가 굴러 떨어진 상태였다.

“Siri가 멋대로 작동했어요.”

스태프의 말에 따르면 내가 “기라 신사입니다”라고 말한 순간 스피커 음량을 조절하는 믹서 옆에 둔 스마트폰에서 멋대로 Siri가 작동돼 갑자기 말을 했다는 것이었다.

이와 동시에 믹서 음량이 멋대로 움직이면서 사용하지 않은 마이크가 Siri 음성을 잡아냈다. 이 상황을 목격한 스태프가 너무 두려운 나머지 다리에 힘이 풀려 부스에서 굴러 떨어졌던 것이다.

사실 ‘일곱 명의 미사키’란 말도 쉽게 입에 담아서는 안 된다고 한다. 너무 많이 말하면 혼을 빼앗기 위해 미사키들이 찾아오기 때문이다. 어쩌면 이날 일곱 명의 미사키는 자신의 이름과 괴담에 이끌려 찾아온 것이 아닐까?

다행히 출연자나 관객 중에 일곱 명의 미사키를 본 사람은 없었다.

267

목도리를 한 여자아이

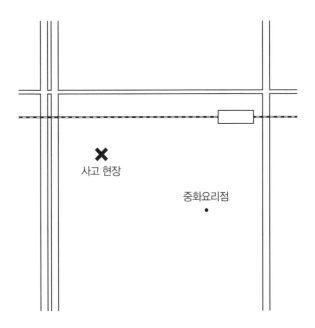

사고 현장

중화요리점

2002년 무렵 여성들 사이에서 긴 목도리가 유행했다. 길이가 약 2미터 정도 되는 긴 목도리는 보통 목도리보다 따듯한데다 그 볼륨감도 매력적이었다.

하지만 이 긴 목도리로 인해 사고가 발생했다.

간토에 있는 놀이공원에서 숲길을 달리는 놀이기구 '울트라버기 ウルトラバギー'를 탔던 여성이 사망한 것이다. 여성이 목에 두른 목도리가 놀이기구 구동부에 엉켜 당겨지는 바람에 목이 졸리고 말았다. 이로 인한 질식이 사망의 원인이었다. 여성이 목에 두르고 있던 것은 길이가 2.7미터에 달하는 긴 목도리였다.

그 후 또 다른 비극이 일어났다.

이번에는 간사이의 주택가에서 목에 두른 목도리가 오토바이 뒷바퀴에 엉킨 여대생이 오토바이와 함께 길 위에 넘어진 상태로 발견됐다.

경찰의 조사에 따르면 오토바이를 탄 여대생은 주행 중에 목도리 끝이 뒷바퀴에 엉켜 질식한 것으로 보였다. 목도리 길이는 약 2미터로 털실로 짠 긴 목도리였다. 여성은 병원으로 옮겨졌지만 의식불명의 중태였다. 그 후의 경과는 알 수 없다.

*

친구인 치요^{千代} 씨에게 기묘한 이야기를 들었다. 치요 씨의 지인인 남성이 실제로 목격한 이야기다.

15년 정도 전에 그 남성과 친구들은 항상 맛있는 덴신한^{天津飯}*으로 유명한 중화요리점에 모여 식사를 하고 담소를 나누곤 했다.

어느 여름날 밤 12시였다. 가게에는 마지막 손님이었던 그들과 가게 주인, 그리고 그의 아들이 마감 정리를 하고 있었다. 그때 포장 손님을 받는 작은 창문을 두드리는 소리가 들렸다.

주인이 창을 열자 젊은 여성이 서 있었다.

"죄송한데 담배를 피우고 싶어서요. 혹시 라이터 빌려주실 수 있나요?"

한여름인데도 불구하고 그녀는 긴 목도리를 목에 두르고 있었다.

"그런 데서 담배 피우지 말고 안으로 들어와."

주인은 가게 안으로 손님을 들였다. 얘기를 들어보니 그 여성은 여대생이었다.

"목에 목도리를 하고 있으면 더울 텐데. 풀지 그래?"

---

* 일본 중화요리 중 하나로 밥 위에 오믈렛과 녹말을 푼 소스를 얹어 먹는다.

"사실 얼마 전에 오토바이 사고가 나서요. 그때 목에 생긴 멍이 아직 남아 있거든요."

그 얘기를 들은 주인의 아들이 끼어들었다.

"목도리라고 하니까 말인데. 긴 목도리가 오토바이 바퀴에 엉켜서 넘어진 사고 있었잖아. 이 근처 아니었나?"

"그거 저예요."

"어?! 그 뉴스에서는 사망했다고 하지 않았나…."

"아니에요. 저 여기 있잖아요."

"무사해서 다행이네!"

"저 여기에서 파는 덴신한 먹어보고 싶었거든요. 배달도 되나요?"

"응. 배달도 하지."

"신난다. 저 근처에 있는 ××맨션 ×호에 살거든요. 다음에 배달 주문할게요."

"그래. 가게에도 또 와."

"네. 꼭 가게에도 또 올게요. 감사합니다."

여성은 그렇게 말하고 돌아갔다. 너무 애교가 많아 반쯤 잊고 있었지만 분명히 위화감이 느껴졌다. 목도리도 그렇지만 복장이 완전히 겨울 옷차림이었다.

나중에 주인 아들이 배달을 하다가 길가에 놓인 꽃다발을 발견했다. 그 옆에는 '사망사고 발생'이라고 적힌 목격자 증언을 찾는 간판이 세워져 있었다. 목도리가 오토바이 뒷바퀴에 엉켜서 사망

271

한 그 사건 현장이었다.

"역시 죽었구나…."

현장은 그때 여성이 말했던 맨션 근처였다. 아들은 확인하지 않을 수 없었다. 그 여성이 말했던 맨션으로 가서 해당 호수를 확인했다.

그곳에는 아무도 살고 있지 않았다.

*

2017년 여름에 나는 치요 씨에게 들은 중화요리점을 방문했다. 나는 동영상을 촬영하며 현장으로 향했다. 하지만 치요 씨가 얘기해준 가게는 전혀 보이지 않았다. 다시 지도와 대조해봤다. 역시 없었다. 하지만 장소는 분명히 거기였다.

'그렇구나. 눈앞에 있는 공터가 가게였구나.'

중화요리점은 이미 철거된 상태였다. 그것도 최근의 일인 것 같았다. 아직 점포 타일이나 주방 배수구가 남아 있었다.

이때 나는 라이브 스트리밍으로 영상을 배포하고 있었다. 이 영상을 본 사람들이 여러 개의 코멘트를 보냈다.

"뒤! 조심해!"

"여성이 찍혀 있는데."

"목도리 하고 있잖아."

화면 속 내 왼쪽에 명확하게 긴 머리를 한 여성의 그림자가 찍혀

있었다. 게다가 목 부근에는 몽실몽실 하얀 물체가 보였다. 털실로 짠 목도리였다.

찍혀 있는 각도도 이상했다. 스마트폰을 아래에서 위로 내 얼굴을 향해 들고 촬영을 하고 있었기 때문에 내 뒤의 배경은 하늘이었다. 즉 위에서 목도리를 한 여성이 들여다보고 있는 상황이었던 것이다.

*

나중에 이 화면을 치요 씨에게 보냈다. 치요 씨는 그날 밤 가게를 방문했던 목도리를 한 여대생을 실제로 목격한 지인 남성에게 확인을 했다.

"머리 모양도 윤곽도 목도리도 그날 밤 본 여대생이 틀림없어요."

중화요리점은 최근에 다른 장소로 이전했다고 한다. 가게 주인은 15년 전 그날 밤부터 마감 후에 아무도 없는 가게 내부에서 느껴지는 인기척 때문에 힘들어 했다고 한다.

그리고 치요 씨의 친구는 새삼 목도리를 한 그녀의 말을 떠올렸다.

"꼭 가게에도 또 올게요."

가게가 사라진 지금도 그 여성은 여전히 같은 장소를 방문하고 있는지도 모른다.

273

화면 왼쪽에 묶은 상태의 흰색 목도리가 보인다.

검은 사람

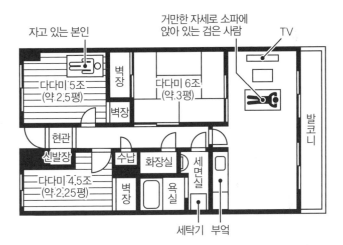

자고 있는 본인

거만한 자세로 소파에
앉아 있는 검은 사람

TV

벽장

다다미 5조
(약 2.5평)

다다미 6조
(약 3평)

벽장

발코니

현관

신발장

수납

화장실

세면실

다다미 4.5조
(약 2.25평)

벽장

욕실

세탁기 부엌

"타니시 씨 얼굴만 새까매요….''

2016년에 쇼핑몰에서 있었던 행사에서 손님 한 분 한 분과 사진 촬영을 했다. 그런데 여기저기서 "꺅!'' 하는 비명 소리가 들렸다.

"왜 그러세요?''

이야기를 들어보니 비명을 지른 사람들은 모두 사진에 찍힌 내 얼굴이 새까맸다고 한다.

나는 니치렌日蓮 종 렌큐蓮久 절의 주지스님이자 괴담을 들려주는 스님으로 유명한 미키다이운三木大雲 주지스님과 함께 라디오 프로그램에 출연했을 때 이 사진을 보여드렸다.

"타니시 씨, 이제 5년도 안 남았는데요.''

주지스님의 말에 간이 떨어질 만큼 놀랐다. 대체 무슨 일인 걸까?

"아, 이게 5년 후에 죽는다는 의미가 아니에요. 앞으로 5년 이내에 모든 것을 잃어버리게 될 거라는 의미에요. 죽는 것보다는 낫죠.''

어느 쪽이든 썩 기분 좋은 답은 아니었다.

"길에서 스쳐간 사람이나 절에 상담하러 오시는 분 중에서도 이렇게 얼굴이 까만 분이 계십니다. 쉽게 말하면 이건 충치 같은 거지요. 색이 까매지고 통증을 느끼는 것은 충치가 생기고 한참 지난 후입니다. 사실 영적인 증상도 대부분 그렇습니다. 어제 사고 현장을 지나친 후 오늘 바로 몸이 안 좋아지는 경우는 거의 없습니다."

이렇게 말한 미키 스님은 어떤 사람에 관한 이야기를 시작했다.

이 사람은 나처럼 사고 부동산에만 사는 남성이었다. 나와 다른 점은 먹고 살기 위해서 혹은 예능을 위해서가 아니라 사고 부동산에 사는 것 자체가 이 남성의 취미였다는 점이었다.

그도 처음에는 건강한 청년이었지만 점차 눈에 띄게 쇠약해졌고 결국 스스로 죽음을 선택했다고 한다.

"그 청년의 사진도 까맸어요. 5년 전부터."

남성의 사진은 죽기 5년 전부터 까매졌다고 한다. 그리고 죽기 며칠 전에 찍힌 사진은 더 엄청났다는 이야기다. 친구들에게 둘러싸여 있음에도 불구하고 그 남성만 윤곽조차 보이지 않을 만큼 검은 그림자처럼 찍혀 있었다고 한다.

*

검은 그림자라고 하니 지인의 소개로 참가한 무코六甲산 신사의 월례제가 떠오른다.

신체神体 앞에서 반야심경을 외기 시작한 순간 나는 갑작스럽게

277

몰려온 졸음 때문에 의식을 잃었다. 그러자 옆에 앉아 있던 아저씨 댄서가 어깨를 흔들어 나를 깨웠다.

"형씨 괜찮아요? 지금 형씨 몸에서 검은 형씨가 나가려고 했어요!"

그 순간 검은 덩어리는 내 안으로 다시 돌아갔다고 한다.

이미 나는 무언가에게 점령당한 걸까?

*

이 무렵 이타비를 준 친구인 하라 씨(66페이지)가 소름끼치는 이야기를 들려줬다. 하라 씨는 당시 관심을 가지고 있던 유체 이탈에 관해 친구와 이야기를 나누고 있었다.

"절대로 하지 마."

친구는 이렇게 말했다고 한다. 그는 유체 이탈 상습범이었는데 어떤 사건을 계기로 유체 이탈을 그만뒀다고 말했다.

이 친구는 어느 날 갑자기 자신의 몸이 방 천장 코앞까지 떠오른 상태라는 것을 깨달았다. 처음에는 무서워서 바로 돌아갔지만 그 후에도 이런 현상이 몇 번 있었고 점점 습관이 됐다.

이탈한 몸은 어디까지든 하늘을 날아 이동할 수 있었다. 이건 체험해본 사람만 알 수 있는 꿈 같은 즐거움이라고 한다.

하지만 너무 멀리 가면 무섭고 왠지 '가슴 시린' 기분을 느낀다고 했다. 그러면 자신의 몸으로 돌아가는데 이를 반복하면 점점 갈

수 있는 범위가 넓어진다. 결국 또 재밌어진 친구는 이 놀이를 그 만두지 못하게 됐다.

어느 날 외국까지 날아가 유체 이탈을 충분히 즐긴 후 돌아오자 검은 전신 타이즈를 입은 듯한 검은 그림자가 자고 있는 자신의 몸 을 덮치려 하고 있었다.

'뭐야 저건?'

다가가자 검은 그림자는 자신의 몸에 손을 넣거나 하면서 몸 안 으로 들어가려 하고 있었다.

'큰일이다!'

급하게 자신의 몸으로 돌아가자 검은 그림자는 사라졌다. 친구 는 무사히 돌아갈 수 있었지만 그 후 두려움을 느꼈다. 하지만 습 관 때문인지 다음 날도 자연스럽게 유체 이탈 상태가 되고 말았다.

유체 이탈 상태에서는 집 안이 전개도처럼 보인다고 한다. 이날 친구에게는 어제 본 검은 그림자가 거실 소파에 거만하게 앉아 TV 를 시청하는 것이 보였다.

'아!'

이렇게 생각한 순간 모든 벽과 천장을 통과해 보이던 검은 그림 자와 눈이 마주쳤다. 동시에 검은 그림자가 타다닥! 하고 방에서 자고 있는 자신의 몸을 향해 일직선으로 뛰기 시작했다.

'큰일이다. 뺏길 것 같아.'

이를 직감한 친구는 아슬아슬하게 검은 그림자보다 먼저 몸으로 돌아갈 수 있었다. 그리고 친구는 깨달았다고 한다.

"저쪽 세계에는 항상 누군가의 몸을 빼앗으려고 하는 검은 녀석이 있어. 왜냐하면 유체 이탈 상태인 내 몸은 비어 있잖아. 그러니까 나랑 눈이 마주친 순간 그 녀석은 분명히 내 몸이 비어 있다는 사실을 눈치 채고 들어가려고 한 거야."

친구는 그 후 다시는 유체 이탈을 하지 않도록 조심한다고 한다.

이 이야기를 한 후 하라 씨가 내게 말했다.

"그러니까 검은 녀석은 위험하다고."

2022년은 내 얼굴 사진이 검게 찍히고부터 5년째가 되는 해다.

쇼핑몰에서 찍은 기념사진. 내 얼굴만 검게 찍혔다.

남동생의 방

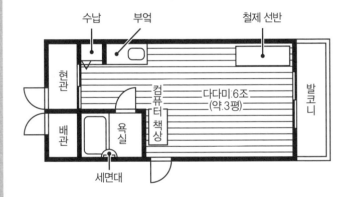

수납 · 부엌 · 철제 선반

현관
배관
욕실
세면대
컴퓨터 책상
다다미:6조
(약.3평)
발코니

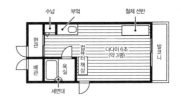

손이 없는 스님에 대한 이야기(186페이지)를 들려준 유카 씨는 또 한 가지 더욱 흥미로운 장소를 알려줬다.

"저 사고 부동산을 가지고 있어요."

사고 부동산에 살고 있거나 옆집이 사고 부동산이 됐다는 이야기는 익숙하지만 "가지고 있어요"라는 것은 대체 어떤 의미일까?

"사실 그 집에 남동생이 살고 있었거든요. 5년 전에 남동생이 그 집에서 자살했어요. 집은 친척이 관리하고 있고 지금도 그대로 방치된 상태예요. 저는 창고 대신 그 집에 물건을 보관하고 있어서 제가 열쇠를 가지고 있어요."

유카 씨의 남동생은 대학교 재학 중에 친척으로부터 집을 빌려 약 2년간 생활한 후 갑자기 실종됐다. 그로부터 반년 후 무사히 돌아와 다시 그 집에서 생활을 했지만 두 달 후에 부패한 사체로 발견됐다.

남동생은 목을 매서 자살했다고 한다.

"원하시면 집 열쇠를 빌려드릴게요."

자신의 가족이 사고 부동산의 원인이 되는 경우는 어떤 심정

일까?

물론 나는 집 자체에도 흥미가 있었지만 남동생을 잃은 누나의 마음에도 흥미가 생겼다.

"유카 씨는 지금도 동생을 만나고 싶다는 마음이 있나요?"

"…그렇죠. 만날 수 있다면 만나고 싶어요."

어느 깊은 밤 그 집과 가장 가까운 역에서 유카 씨를 만났다. 유카 씨는 큰 가방을 어깨에 메고 있었다. 가방 안에 무엇이 들었는지 물어봤다.

"남동생의 졸업 앨범이에요."

후배인 니시네도 함께했다. 내가 부른 니시네는 빙의되기 쉬운 체질이라 자주 신기한 현상을 일으킨다. 이런 니시네에게 어쩌면 유카 씨의 남동생이 빙의되지는 않을까 하는 소소한 기대를 하며 부른 것이다.

유카 씨의 말에 따르면 남동생과 니시네는 동갑이었다. 또한 남동생은 게임이나 애니메이션을 좋아하는 청년이었다고 하니 이 부분도 니시네와 닮았다.

*

집은 평범한 1K 다다미 6조(약 3평) 원룸이었다. 평범하지 않은 점은 부엌의 마룻바닥과 카펫이 벗겨져 바닥재가 그대로 드러나 있다는 점이었다. 접착제 흔적이 곡선을 그리고 있었다.

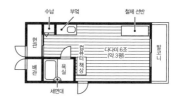

그렇구나. 마룻바닥이나 카펫은 이렇게 붙이는 거구나.

그리고 집 한가운데나 벽 쪽에 늘어선 과자와 캔들이 눈에 들어
왔다. 집주인인 유카 씨의 친척이 정기적으로 공물을 가지고 온다
고 했다. 이 공물 아래에는 접착제 흔적이 아닌 분명히 무언가가
스며든 자국이 있었다.

"여기서 남동생이 발견됐어요."

신고는 같은 맨션에 사는 거주자가 했다고 한다. 맨션 공용부분
에서 나는 이상한 냄새를 수상히 여긴 거주자가 경찰에 신고했는
데, 구석에 있는 철제 선반에 끈을 걸고 목을 맨 상태의 남동생이
발견됐다. 계절은 5월말이었고 사후 두 달이 경과한 시점이었다.

유카 씨는 경찰로부터 연락을 받은 후 사체 사진을 보고 남동생
이라는 것을 확인했다. 생각보다 원형을 유지하고 있었다고 한다.

대략적인 자살의 경위를 듣고 난 후 사고 부동산이 된 곳에서 유
카 씨에게 물었다.

— 남동생과 사이는 좋았나요?

"저는 사이가 좋았다고 생각해요."

— 왜 저에게 남동생이 세상을 떠난 집을 보여줄 생각을 하셨나
요?

"행사에서 타니시 씨의 이야기를 듣고 보니 우리 집도 사고 부동
산이구나, 라는 생각이 들어서요."

— 이렇게 집을 보여주신다는 게 사실 많은 것들을 극복하지 않
으면 불가능하잖아요?

"아니요. 오히려 극복하지 못했기 때문일지도 몰라요. 반대로 말이죠."

— 남동생이 유령이 돼서 나타난 적이 있나요?

"아니요."

— 그럼 만일 남동생이 나타난다면 하고 싶은 이야기가 많나요?

"그렇죠…."

이때 니시네가 갑자기 가면라이더 포제仮面ライダーフォーゼ의 벨트를 꺼내들었다. 특촬 히어로 마니아인 니시네가 우연히 행사용 소도구로 들고 온 것이었다.

니시네는 게임이나 애니메이션을 좋아했던 남동생에게 그가 사망한 다음해부터 시작된 가면 라이더 시리즈의 설명을 계속 이어갔다. 변신 벨트는 니시네가 부품을 세팅할 때마다 "철컹, 파파파파-파파-"하는 소리를 냈다.

조금 분위기가 부드러워진 덕분에 유카 씨는 남동생의 영정과 위패, 유골을 꺼내고 졸업 앨범을 펼치며 추억담을 이야기했다.

한동안 유카 씨의 이야기를 듣고 있자니 욕실 쪽에서 물이 떨어지는 소리가 들렸다.

"똑, 똑, 똑…."

한동안 사용하지 않은 집에서 수도꼭지를 만지지도 않았는데 물소리가 들릴 리가 없었다.

"잠깐 보러 갈까요."

우리 셋은 대화를 멈추고 소리가 나는 욕실을 확인하러 갔다.

286

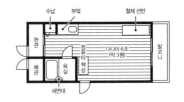

"똑, 똑, 똑…."

분명히 소리가 들렸다. 하지만 욕실 수도꼭지에서는 전혀 물이 새지 않았기에 원인을 알 수 없었다.

"남동생이 보러온 걸지도 모르죠."

이런 얘기를 하며 방으로 돌아오려던 순간.

"철컹, 파파파파― 파파―."

변신 벨트가 멋대로 소리를 내기 시작했다. 게다가 라이트가 번쩍이며 점멸하고 있었다.

"니시네, 너 벨트 만졌어?"

"아니요. 저도 욕실에 갔으니까 당연히 안 만졌죠."

"이 벨트 리모컨 기능이나 타이머 기능 있어?"

"아니요. 버튼을 누르거나 부품을 장착해야 작동하죠."

"이거 지금 멋대로 작동하는 거지?"

"네. 멋대로 작동하고 있어요."

세 명이 욕실에 간 사이에 아무도 없는 집에서 누군가가 변신 벨트를 작동시켰다.

"이거 분명히 남동생이 작동시킨 거예요!"

나는 조금 흥분해서 유카 씨에게 말했다.

"남동생도 만지고 싶어진 걸까요."

유카 씨는 그렇게 말하며 희미하게 웃었다.

*

며칠 후 유카 씨로부터 메시지가 도착했다.

"긴 시간 함께해주셔서 정말 감사합니다.

솔직히 처음에는 반쯤 장난으로 이야기한 부분도 없잖아 있었는데 모두 진지하게 임해주셔서 정말 기뻤습니다.

조금 경솔할지 모르지만 저도 즐겁게 공양? 비슷하게 할 수 있었고 남동생인 히로키도 나이대가 비슷한 넷이 모여 놀 수 있어서(라고 하는 것이 맞을까요?) 즐거운 마음으로 찾아와 준 것 같습니다. 덕분에 마음을 정리할 수 있었습니다. 가까운 시일 내에 납골하러 가려고 합니다.

마음을 정리할 수 있도록 응원해주셔서 정말 감사합니다.

m(_ _)m"

맺음말

어릴 적부터 다른 사람들과 똑같은 일을 하는 것을 싫어했습니다. 우등생이 되는 것도, 불량 학생이 되는 것도, 혹은 오타쿠가 되는 것도 '뭔가 조금 아닌데'라고 생각했고 그중 어느 부류도 되지 못한 채 학창 시절을 보냈습니다.

다만 호기심만큼은 정말 왕성해서 의문점이 생겼을 때 스스로 이해하지 않으면 직성이 풀리지 않는 그런 심술꾸러기 소년이었습니다.

미래에 대해서는 깊이 생각하지 않았습니다. 막연하게 '개그맨의 세계는 대체 어떤 곳일까?' 생각하다가 부모님 몰래 쇼치쿠 예능 양성소에 들어갔습니다. 하지만 양성소에서 마주친 것은 어디서 본 듯한 개그나 이미 누군가가 선보인 개그 소재를 따라한 콩트뿐이었습니다. 양성소에서 데뷔하는 개그맨도 거의 없었습니다.

개그맨이 되고 나서 '평범한 사람들과 다른 일을 한다는 것이 얼마나 어려운가'를 깨달았습니다. '사람들과 다른 일'을 생각해내도 주변 사람들에게 재미있다고 인정받기까지 정말 고생을 해야 합니다. 내가 재미있다고 생각한 것이 다른 사람에게도 재미있으리라는 법은 없습니다. 어둠 속을 헤쳐 나가는 듯한 개그맨 생활은 어느새 10년이라는 시간을 훌쩍 지나 흘렀습니다.

이런 가운데 사고 부동산과 만나게 된 인연은 제게 있어 틀림없는 전환점이었습니다. 선배인 기타노 마코토 씨에게 "사고 부동산에 살지 않을래?"라는 이야기를 들었을 때 솔직히 '이 사람, 무슨 소리를 하는 거야?' 생각했었습니다. 하지만 동시에 '이런 일을 할 수 있는 사람은 나밖에 없다'는 근거 없는 자신감도 있었습니다.

사고 부동산에 실제로 살면서 심령 현상을 검증하는 개그맨.
아직 아무도 시도하지 않은 이 장르에 영적인 감각이 예민하지도 않고 딱히 오컬트에 관한 조예가 깊지도 않은 제가 뛰어들 수 있었던 것은 '사람들과 다른 일'에 집착하는 성격 때문입니다.
실제로 사고 부동산에 살면서 다양한 체험을 했고 많은 것을 배웠습니다. 사람이 기피하는 것이야말로 모종의 핵심을 품고 있고 역사를 지니고 있으며 스토리가 있다는 사실을 깨달았습니다. 그리고 '이해하지 않으면 직성이 풀리지 않는' 제 호기심은 여전히 지치지 않고 지금도 사고 부동산을 볼 때마다 끓어오릅니다.

사람의 죽음과 밀접한 관계를 맺게 되면서 막연하던 제 인생에도 시시각각 죽음이 다가오고 있다는 사실을 깨달았습니다. 앞으로도 한정된 살아 숨 쉬는 시간 동안 가능한 한 저만이 할 수 있는 발견이나 체험을 하고 싶습니다. 아직도 알고 싶은 것이 너무 많습니다. 아마 앞으로도 저는 사고 부동산을 전전하지 않을까 싶습니다.

단행본을 집필하는 첫 경험은 매우 자극적이었습니다.

특히 제 글이 너무 느린 탓에 쇼치쿠 예능 회의실과 후타미쇼보 二見書房 회의실에 감금되어 집필했던 경험은 매우 귀중한 추억입니다. 감사합니다.

마지막으로 이 책에 관여하신 모든 분들, 그리고 읽어주신 모든 분들에게 감사드립니다.

좋은 사고 부동산 정보가 있으면 알려주시기 바랍니다.

언젠가 제가 살게 될 지도 모릅니다.

살면 안 되는 곳이 있다
무서운 방

초판 1쇄 인쇄 | 2019년 3월 22일
초판 1쇄 발행 | 2019년 3월 28일

취재·지음 | 마츠바라 타니시
옮긴이 | 김지혜
펴낸곳 | 레드스톤(주식회사 인터파크)

출판등록 | 2015년 3월 19일 제 2015-000080호
주소 | 경기도 고양시 일산동구 호수로 672, 대우메종리브르 611호
전화 | 070-7569-1490
팩스 | 02-6455-0285
이메일 | redstonekorea@gmail.com

ISBN 979-11-88077-22-9 03180